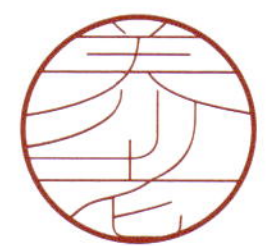

中国养老服务业发展高层论坛

演讲选编

（2015–2019）

Selected Talks from
Advanced Forum on the Development of
Elderly Care Services in China

郑功成　江 丹◎主编

人民出版社

责任编辑：洪　琼

图书在版编目（CIP）数据

中国养老服务业发展高层论坛演讲选编：2015-2019 / 郑功成，江丹 主编．—北京：人民出版社，2020.10

ISBN 978-7-01-022464-0

I. ①中…　II. ①郑…②江…　III. ①养老-社会服务-中国-文集　IV. ① D669.6-53

中国版本图书馆 CIP 数据核字（2020）第 167757 号

中国养老服务业发展高层论坛演讲选编

ZHONGGUO YANGLAO FUWUYE FAZHAN GAOCENG LUNTAN YANJIANG XUANBIAN

（2015—2019）

郑功成　江　丹　主编

人民出版社 出版发行

（100706　北京市东城区隆福寺街 99 号）

北京中科印刷有限公司印刷　新华书店经销

2020 年 10 月第 1 版　2020 年 10 月北京第 1 次印刷

开本：710 毫米 ×1000 毫米 1/16　印张：14.75

字数：240 千字　插页：10

ISBN 978-7-01-022464-0　定价：69.00 元

邮购地址 100706　北京市东城区隆福寺街 99 号

人民东方图书销售中心　电话（010）65250042　65289539

大愛無疆

華建敏

二〇一一年
六月十日

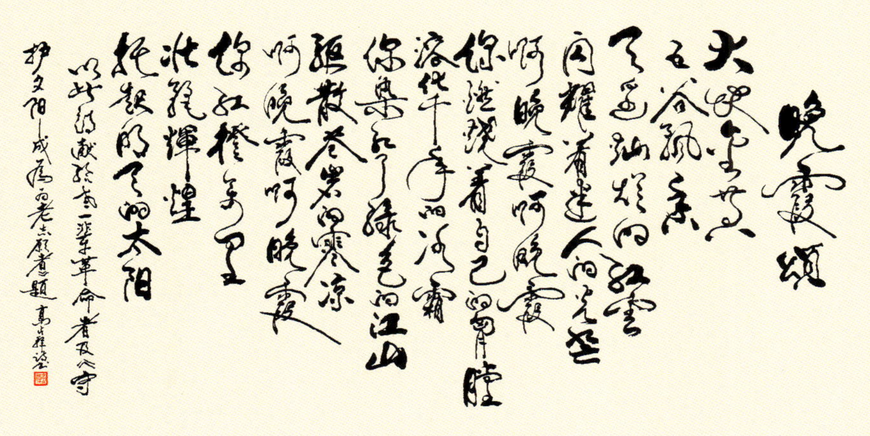

①
②

①2011年6月，第十一届全国人大常委会副委员长、中国红十字会第九届会长华建敏同志，在视察杭州富春江曜阳国际老年公寓时，为中国红十字会总会事业发展中心的曜阳公益养老事业题词。

②2019年12月，文化部原常务副部长、中国文联原党组书记高占祥同志，在应邀出席相关活动，向事业发展中心赠送了其专门创作并书写的新诗《晚霞颂》。

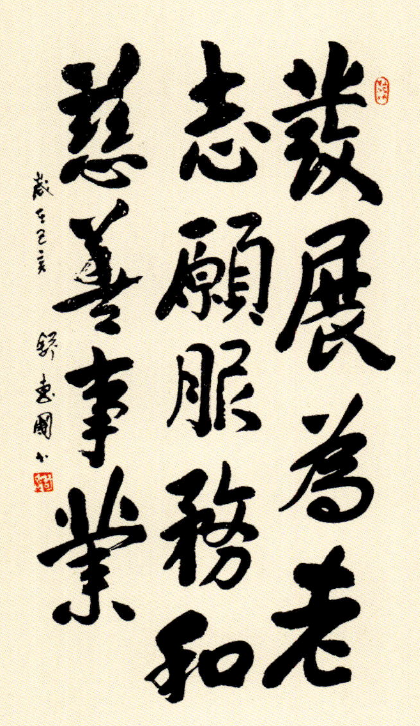

善行天下
大愛無疆

己丑之秋 李寶庫

① ②

①2018 年 5 月，江苏省委原书记舒惠国同志在应邀出席相关活动时，为事业发展中心开展的曜阳养老志愿服务工作题词。

②2009 年 9 月，民政部原副部长李宝库同志，在考察扬州曜阳国际老年公寓时，为事业发展中心的曜阳公益养老事业题词。

贺　信*

张怀西
（第十届全国政协副主席、中国红十字会第八届名誉副会长）

今天是全国第五个法定“老年节”，也是“九九重阳节”。值此之际，欣闻中国红十字会总会事业发展中心、中国社会保障学会和人民日报《民生周刊》，在贵阳共同举办第三届中国养老服务业发展高层论坛。在此，我谨以个人名义对论坛的顺利举办表示热烈祝贺！对参加论坛的同志们致以诚挚的问候！

党的十九大刚刚胜利闭幕，全国上下正掀起学习宣传贯彻落实党的十九大精神热潮。习近平同志在报告中提出大会的主题是：“不忘初心，牢记使命，高举中国特色社会主义伟大旗帜，决胜全面建成小康社会，夺取新时代中国特色社会主义伟大胜利，为实现中华民族伟大复兴的中国梦不懈奋斗！”这对进入新时代，谱写新篇章具有极为重要的意义。报告还提出：积极应对人口老龄化，构建养老、孝老、敬老政策体系和社会环境，推进医养结合，加快老龄事业和产业发展，这为论坛和今后工作指明了正确方向。“十三五”是全面建成小康社会的决胜阶段，也是应对人口

* 2017 年 10 月 28 日，第三届中国养老服务业发展高层论坛在贵阳市举办。这是第十届全国政协副主席、中国红十字会第八届名誉副会长张怀西为论坛发来的贺信。

老龄化的关键时期。应对人口老龄化，做好养老服务工作是一项涉及多领域、多层面的系统工程，需要社会各界的共同参与。

为此，我衷心希望参加论坛的各位专家学者和养老服务工作者，要深入学习领会党的十九大精神，相互交流、分享经验、建言献策，为推动我国养老服务业健康发展作出积极贡献，为实现中华民族伟大复兴的“中国梦”，贡献自己的一份责任和力量！

最后，预祝第三届中国养老服务业发展高层论坛取得圆满成功！

贺信*

张怀西
（第十届全国政协副主席、中国红十字会第八届名誉副会长）

欣闻第五届中国养老服务业发展高层论坛在福建省泉州市举办，我感到特别高兴，特向论坛的顺利举办表示衷心的祝贺！并向论坛全体参会人员和工作人员问好！

一年一次的“中国养老服务业发展高层论坛”成功举办了四届，已成为我国养老服务业的重要交流平台。四年来，论坛先后围绕贯彻落实十九大精神、构建社会养老服务体系、医养结合养老服务、养老服务中的人文关怀等重要主题，开展研讨交流，形成了广泛共识，促进了我国养老服务业的发展。本届论坛以“养老服务中的志愿服务”为主题，共同探讨养老志愿服务的有关问题，将有助于营造养老孝老敬老的社会氛围，促进养老志愿服务工作的蓬勃开展，满足老年人多层次多样化的养老服务需求，不断增强获得感、幸福感和安全感。

习近平总书记指出，志愿服务是社会文明进步的重要标志。希望中国红十字会总会事业发展中心、中国社会保障学会及有关单位，积极协助党

---

* 2019 年 10 月 10 日，第五届中国养老服务业发展高层论坛在福建省泉州市举办。这是第十届全国政协副主席、中国红十字会第八届名誉副会长张怀西为论坛发来的贺信。

和政府科学有效应对人口老龄化，持续发挥社会组织在社会养老服务中的生力军作用，完善政策和制度体系，进一步做好养老志愿服务工作，推动我国养老服务事业和产业取得更大发展！

祝论坛取得圆满成功！

第一届中国养老服务业发展高层论坛

2015年10月21日，我国第三个法定老年节，由中国社会保障学会、中国红十字会总会事业发展中心联合主办的中国养老服务业发展高层论坛，在北京人民大会堂举行。全国人大常委会副委员长、中国红十字会会长陈竺向论坛发出贺信，第十届全国政协副主席张怀西出席论坛并题词。

有关领导、来自全国社会保障学界的专家学者和全国养老机构负责人代表约700人参加了论坛，并围绕论坛主题“社会养老服务体系建设”，从“居家养老服务”“医养结合”“养老机构发展”“养老服务产业”等方面，展开了深入的研讨和交流。

中国养老服务业发展高层论坛活动现场。

①｜②

③｜④

①时任中国红十字会副会长郭长江宣读全国人大常委会副委员长、中国红十字会会长陈竺对论坛的贺信。

②中国社会科学院副院长蔡昉作主旨报告。

③中国社会保障学会会长、中国人民大学教授郑功成作主旨报告。

④中国红十字会总会事业发展中心主任江丹在开幕式上发言。

第二届中国养老服务业发展高层论坛

2016年10月9日，我国第四个法定老年节，第二届中国养老服务业发展高层论坛在北京人民大会堂隆重举行。全国人大常委会副委员长、中国红十字会会长陈竺通过视频为论坛致辞，第十届全国政协副主席张怀西为论坛题词。论坛主题为“医养结合的实践与探索”，由中国社会保障学会、中国红十字会总会事业发展中心和北京医院联合主办。

与会专家学者认为，医养结合是完善我国社会养老服务体系的重要途径。各地已经开展有益尝试并取得了一些经验，但要真正做好医养结合养老服务，还需要完善顶层设计、加强政策衔接、完善制度规范和标准体系，既要提供普惠性的服务，也要满足个性化的需求，要进一步开展医养结合养老服务试点工作。

2016 年 10 月 9 日，第二届中国养老服务业高层论坛在北京人民大会堂举行。

①	②	③
④	⑤	⑥

①全国人大常委会副委员长陈竺通过视频为论坛致辞。

②时任国家卫生计生委副主任王培安发表主旨演讲。

③时任全国人大内务司法委员会副主任委员苏辉发表主旨演讲。

④中国社会保障学会会长、中国人民大学教授郑功成主持论坛开幕式。

⑤全国政协委员、人民日报原副总编辑陈俊宏发表主旨演讲。

⑥中国红十字会总会事业发展中心主任、时任中国老龄事业发展基金会副理事长江丹在开幕式上发言。

第三届中国养老服务业发展高层论坛

2017年10月28日，我国第五个法定老年节，第三届中国养老服务业发展高层论坛在贵州省贵阳市举行。全国人大常委会副委员长、中国红十字会会长陈竺和第十届全国政协副主席张怀西为论坛发来贺信。论坛由中国社会保障学会、中国红十字会总会事业发展中心和人民日报《民生周刊》杂志社共同主办，旨在学习贯彻党的十九大精神，推动中国养老服务业持续健康发展。

与会专家学者一致认为，刚刚闭幕的党的十九大为积极应对人口老龄化指明了方向和路径。我国养老服务业发展面临重大机遇和挑战，要全面贯彻落实党的十九大精神，坚持“居家为基础、社区为依托、机构为补充、医养相结合的社会养老服务体系”发展思路，调动全社会力量，推动养老事业和产业同步发展，满足不同老年人群体的需求，努力使老年人分享改革发展成果，不断提高老年人生活质量。

2017 年 10 月 28 日，第三届中国养老服务业发展高层论坛在贵州省贵阳市举行。

①②③
④⑤⑥

①中国社会保障学会会长、中国人民大学教授郑功成在开幕式上发言。

②贵州省人民政府副省长陈鸣明致辞。

③时任中华全国总工会党组成员、副主席、书记处书记张世平发表主旨演讲。

④第十二届全国政协委员、人民日报社原副总编辑陈俊宏发表主旨演讲。

⑤中国红十字会总会事业发展中心主任、中国老龄事业发展基金会副理事长江丹在开幕式上发言。

⑥中国社会保障学会副会长、浙江大学教授何文炯发表主旨演讲。

第四届中国养老服务业发展高层论坛简介

2018年10月17日，第四届中国养老服务业发展高层论坛，在江苏省扬州市举行。第十届全国政协副主席张怀西为论坛发来贺信。论坛由中国社会保障学会、中国红十字会总会事业发展中心和求是《小康》杂志社共同主办。

本届论坛的主题是“养老服务中的人文关怀”。400余名与会领导、专家学者和养老行业代表，以习近平新时代中国特色社会主义思想为指导，从人文关怀的视角，研讨分析我国社会养老服务体系建设的成绩和不足，交流在养老服务过程中实施人文关怀的好经验和好做法，努力推进我国养老服务业的持续健康发展。

论坛期间，由中国红十字会总会事业发展中心联合所属曜阳养老机构正式出版了《曜阳养老人文关怀的探索与实践》丛书。该书是国内第一套从人文关怀视角总结提炼养老服务经验的书籍，得到与会领导、专家学者和养老机构负责人的一致好评。

2018 年 10 月 17 日，第四届中国养老服务业发展高层论坛在扬州市举行。

①	②	③
④	⑤	⑥
⑦		

①中国社会保障学会会长、中国人民大学教授郑功成在开幕式上发言。

②第十二届全国人大常委会副秘书长、法律委员会副主任李连宁作主旨发言。

③第十二届全国政协委员、人民日报社原副总编辑陈俊宏作主旨发言。

④中国人民解放军总医院原院长朱士俊作主旨发言。

⑤扬州市人民政府副市长韩骅致辞。

⑥中国红十字会总会事业发展中心主任江丹在开幕式上发言。

⑦中共中央党校科学社会主义教研部教授青连斌作主旨发言。

第五届中国养老服务业发展高层论坛

2019年10月10日，第五届中国养老服务业发展高层论坛在福建省泉州市举行。第十届全国政协副主席张怀西为论坛发来贺信。论坛由中国红十字会总会事业发展中心、中国社会保障学会和《医药养生保健报》社共同主办，主题是“养老服务中的志愿服务”。

论坛期间，相关领导、专家学者和行业代表近400人，围绕论坛主题，研讨分析新中国成立70年以来养老服务建设取得的成绩和存在的问题，共同交流了养老志愿服务的好经验和好做法，积极营造养老孝老敬老的社会氛围，推动养老服务事业和产业健康发展。论坛首次举办了“红十字养老服务”分论坛，来自20个省的40余名红会干部，围绕红十字养老志愿服务，开展工作经验交流。

论坛期间，主办单位联合中国劳动社会保障出版社，共同举行了《曜阳养老机构指导丛书》出版座谈会。该丛书的正式出版，标志着中国红十字会总会事业发展中心打造的曜阳养老公益品牌，迈出了品牌标准体系建设的重要步伐。

第五届中国养老服务业发展高层论坛2019年10月10日在泉州市举行。

①②③
④⑤⑥

①中国社会保障学会会长、中国人民大学教授郑功成在开幕式上发言。

②中国社会科学院政治学研究所党委书记房宁发表主旨演讲。

③中国老龄事业发展基金会理事长于建伟发表主旨演讲。

④中国红十字会总会事业发展中心主任江丹在开幕式上发言。

⑤泉州市人民政府副市长吕刚致辞。

⑥《医药养生保健报》社社长杨中兴主持论坛开幕式。

前　言

江　丹

（中国红十字会总会事业发展中心主任、
中国社会保障学会养老服务分会名誉会长）

中国红十字会总会事业发展中心与中国社会保障学会，多年来共同聚焦我国养老事业的发展，从 2015 年起，组织相关部门领导和专家学者共同探讨和交流我国养老服务业发展取得的突出成绩和面临的重要问题，每年举办“中国养老服务业发展高层论坛”，至今已成功连续举办五届。

回顾过去五届论坛，主要有以下几个特点：

一是论坛的举办得到了有关领导的高度肯定。五年来，全国人大常委会副委员长、中国红十字会会长陈竺，第十届全国政协副主席、中国红十字会第八届名誉副会长张怀西，先后以出席论坛、视频致辞、写信致贺等方式向论坛表示祝贺。陈竺同志在贺信中指出，我国已加速进入老龄化社会，但目前在应对人口老龄化问题上还存在着制度准备不足、老龄保障和服务发展滞后等诸多挑战，尤其在养老服务方面存在巨大的供给缺口。加快养老服务业健康发展，是我国妥善应对老龄化挑战、进一步扩大内需、促进就业、转变经济发展方式的重要举措。陈竺同志同时指出，论坛紧紧围绕学习宣传和贯彻落实党的十九大精神这一主线，紧扣养老服务主题，交流研讨、相互学习，对于营造养老、孝老、敬老的社会氛围，推动养老服务业健康发展，具有非常重要的意义。

二是论坛的研讨内容紧扣养老服务业发展的时代主题。五年来，论坛紧密结合我国社会养老服务业的发展形势，先后以“构建社会养老服务体系”（2015 年）、“医养结合养老服务”（2016 年）、“贯彻落实党的十九大精神”（2017 年）、“养老服务中的人文关怀”（2018 年）和“养老服务中的志愿服务”（2019 年）等为主题，聚焦中国特色养老服务体系顶层设计、养老服务业发展的政策制度、养老服务标准与规范、医疗健康与养老服务的融合发展、养老机构建设管理与服务、营造养老孝老敬老社会环境等具体内容，组织与会领导、专家学者、行业代表、相关人员进行研讨交流，共计举办了 5 次主论坛和 16 次分论坛活动，合计近 40 人次在主论坛演讲，近 300 人次在分论坛演讲，参会总人数超过 2000 人次。

三是论坛的举办得到了党政部门、科研院所和社会各界的积极支持。全国人大法工委、原国家卫生计生委、全国老龄办、中华全国总工会、贵州省、江苏省民政厅、福建省民政厅、贵州省红十字会、江苏省红十字会、福建省红十字会、贵阳市、扬州市、泉州市等党政部门和群团组织的负责人，先后应邀到论坛致辞或发表演讲，对论坛给予积极支持。中国社科院、人力社保部社会保障研究所、民政部相关研究机构、中国社会保障学会、中国老龄事业发展基金会等单位的负责人及有关专家，先后参加了论坛活动并做主旨演讲或专题发言。卫生部北京医院、人民日报《民生周刊》、求是《小康》杂志和《医药养生健康报》社，以及多家爱心企业，以多种方式对论坛给予大力支持，为论坛的成功举行贡献了力量。

四是论坛的举办得到了广大养老机构负责人的热情参与。五年来，累计有养老机构负责人 1000 多人次参加论坛活动，50 多名养老机构负责人先后在论坛上做典型发言或经验介绍，并与与会领导、专家学者就养老服务的政策法规、标准规范、养老机构管理与服务等展开热烈讨论。论坛举办期间，中国红十字会总会事业发展中心采用参加论坛的养老机构负责人早到晚走的方式，邀请有关专家抽空为养老机构负责人举办专题培训班，就养老机构发展面临的政策法规、权益保障、管理经营、护理标准等具体问题，开展系统的业务培训，帮助提高业务能力和管理水平，受到了养老机构负责人的一致好评。

大家的积极参与和鼎力支持，不仅使每一届论坛蓬荜生辉，而且使论坛的社会影响与日俱增。目前，中国养老服务业发展高层论坛已经成为我国养老服务业的重要交流平台。五年来，关心支持我国社会养老服务体系建设和发展的相关领导和专家学者，欣然应邀到论坛发表主旨演讲。每一篇演讲都经过充分调研、反复酝酿，提出的意见和建议都凝聚了演讲者的聪明与智慧、精力与付出。很多演讲内容经历了时间的考验，更显出演讲者思考之深邃、建议之远见。

为了帮助养老服务及相关领域的科研教学人员、养老服务行业的管理者和从业人员更好地理解我国社会养老服务体系的发展历程，借鉴有关领导和专家学者的观点建议，进一步促进中国特色社会养老服务体系的建设和发展，我们特整理了有关领导和知名专家在五届论坛上的主旨演讲，编辑形成了《中国养老服务业发展高层论坛演讲选编（2015—2019）》，分为“贯彻十九大精神，构建完善社会养老服务体系”“应对人口老龄化，加快发展养老服务业”“推进医养结合，提高养老服务质量”“倡导人文关怀，满足多样化养老需求”“开展志愿服务，营造养老孝老敬老社会环境”5个专题，共计30篇文章。

本书由中国社会保障学会会长郑功成同志与中国红十字会总事业发展中心主任江丹同志共同主编。事业发展中心参与图文资料整理和文稿编辑工作的有：中心副主任魏国，老龄事业部主任科员亓文，办公室副主任傅阳、主任科员曹金，老龄事业部周昊威、陈星林等；中国社会保障学会参与文稿整理和编辑工作的有：学会秘书长、中国人民大学副教授鲁全，学会秘书李畅等。全书由魏国和鲁全负责校对。特别令人感激的是，各位演讲嘉宾和专家学者，在百忙之中对文稿进行修改完善，使文章更加臻于完美；事业发展中心顾问、人民日报社原副总编辑陈俊宏，事业发展中心特别顾问、原国土资源耕地保护司司司长潘明才等同志，对编辑工作给予了热情的指导和帮助；人民出版社编辑洪琼老师，协调带领相关人员，为本书的编辑出版做了大量专业而细致的工作。在学会、中心和各方面的共同努力下，本书得以顺利付印。在此，对各位领导、演讲嘉宾、专家学者、编辑朋友和相关同事，一并表示衷心的感谢！

由于能力有限、时间仓促，书中难免有不足之处，敬请各位读者批评指正。

2020 年 9 月

目　录

第一篇
贯彻党的十九大精神，构建完善社会养老服务体系

第二篇
应对人口老龄化，加快发展养老服务业

第三篇
推进医养结合，提高养老服务质量

第四篇
倡导人文关怀，满足多样化养老需求

第五篇
开展志愿服务，营造养老孝老敬老社会环境

附录

主办单位简介

第一篇

贯彻党的十九大精神，构建完善社会养老服务体系

贯彻党的十九大精神，抓住发展新机遇，加快构建中国特色养老服务体系*

郑功成

（中国社会保障学会会长、中国人民大学教授）

一、党的十九大为加快我国养老服务体系发展指明了方向

党的十九大报告提出了习近平新时代中国特色社会主义思想，明确新时代的社会主要矛盾已经转化成人民日益增长的美好生活需要与不平衡不充分的发展之间的矛盾，将增进民生福祉确定为国家发展的根本目的，同时部署了国家现代化进程的两个阶段目标任务。这些构成了发展我国养老服务体系的新的时代背景，客观上也提出了更高要求。

“老有所养”被党的十九大报告列入“民生七有”，养老问题被列入“民生五难”，这是一个基本定位。进一步分析民生问题的解决程度和老龄化带来的深刻变化，以及老年人对社会服务需求的持续高涨，不难发现，“老有所养”已经成为“民生七有”之首，养老服务正在成为“民生五难”之最。因此，党的十九大报告专门强调要尽快实现养老保险全国统筹，明确提出要构建养老、孝老、敬老政策体系与社会环境，加快老龄事业与产业的发展步伐。将养老与孝老、敬老连成一体构建政策体系与社会环境是新提

* 在 2017 年 10 月 28 日第三届中国养老服务业发展高层论坛开幕式上的发言，有删节。

法，所揭示的是我国要构建的现代性与传统性有机结合的养老服务体系。

二、养老服务发展面临的主要问题

从现实出发，我国养老服务业发展已经进入了快车道，近几年发展成就有目共睹，但不平衡不充分的问题也特别明显。

养老服务总量供给严重不足。如养老机构床位总数730万张，这与1.5亿65岁及以上老年人、4000万失能半失能老年人的需求相比，差距之大可窥一斑。

养老服务供给结构严重失衡。一是注意力主要集中在机构养老甚至在高端层次养老服务供给上，而对98%以上居住在家的老年人缺乏养老服务供给及相应的政策筹划与公共投入；二是在全国730万张养老床位中，由于地理位置、消费价格与服务质量等原因导致的空置率高达40%以上，表明供需之间差距巨大；三是在现有养老机构中，护理型养老床位占比偏低，有的甚至不足20%，表明发展取向出现了偏差；四是目前入住养老机构的老年人绝大多数是健康老人、低龄老人，而失能老人、高龄老人相对较少，表明弱势老年人并未受到应有重视。

官民分割现象严重。公办养老机构与民办养老机构仍然受不同政策规制，导致的不仅是民办养老机构无法平等分享公共养老资源，而且在其他公共服务方面也受歧视。同时，政府对民办养老机构及其服务的监管与服务也很欠缺。这种现象极不利于有效调动市场与社会资源，严重制约养老服务业发展。

专业护理人才的不足。根据发达国家经验，我国的养老服务业可以创造的就业岗位可以千万计，但现在却是不足百万人，其中专业护理人员更是严重不足。

现代性与传统性如何结合的问题尚未破题。现代性养老方式是社会养老，传统性养老方式是家庭养老。对中国而言，只能走现代性与传统性有机结合的养老服务发展道路。但到底如何结合，不仅政策层面尚未破题，理论研究亦未有足够分量的成果，我们还需要认真探索。这就是党的十九大报告中提出的构建养老、孝老、敬老政策体系与社会环境。

三、需要达成五个基本共识

针对当前形势，我们亟待形成五大共识：

（一）认可老龄化是人类社会发展进步最具综合意义的成果，顺应老龄化的不可逆转性，并主动采取积极的应对之策。根据世界卫生组织定义，65 岁及以上人口占总人口比达到 7%时为“老龄化社会”，达到 14%为“老龄社会”，达到 20%为“超老龄社会”，而 2011 年全球人口老龄化加权平均值达到了 8.1%，表明当今世界已经实现人口转型，进入全球老龄化时代。中国自 2000 年跨入“老龄化社会”后一直在加速行进，全国 65 岁及以上老年人占总人口比从 1982 年的 4.9%上升到 2001 年 7.1%，2016 年达 10.8%。预计从现在到 2035 年，全国老年人口年均增长约 1000 万，总量将达 4 亿人左右，其中 80 岁以上的高龄人口年均增长 100 万以上。同时，未来 20 年将减少青壮年劳动力 8000 万人。换言之，我国将在 2035 年跨过老龄社会进入超老龄社会。面对不可逆转的人口老龄化现象，我们应当做的是顺应时势并积极作为，不是消极被动应对。

（二）认可老龄化对民生保障、经济发展、社会治理乃至政治文化带来的挑战是全面、深刻而持久的。因为人口结构的深刻变化必定带来消费结构、产业结构、就业结构等的深刻变化，同时也会对社会保障制度的结构、资源配置与财政平衡等产生长远且深刻的影响，养老金支付、医疗保障支出、养老服务供给的压力会持续攀升，因此，国家需要调动各方力量，采取综合应对之策。

（三）认可老龄化对国家发展的影响并不是消极的，而是可以带来许多新的发展机遇，关键是事在人为。德国、日本是超老龄化国家，德国迄今还充满着发展活力、竞争实力，日本虽然经济停滞甚至衰退 20 多年，但还维持稳健，表明只要顺应了老龄社会的需要，同样能够创造美好未来。德国、日本及其他处于老龄社会的发达国家实践表明，老龄社会为适老制造业、老龄科技、养老服务、养老保险与金融业、老年住宅、老年旅游等新兴产业的发展开拓了巨大发展空间。如果我们能够顺应老龄社会的发展，抓住机遇加快发展上述产业与事业，就完全可以将老龄化带来的挑战转化成长期支持中国经济社会发展的动力。

（四）认可应对老龄化需要政府主导，同时需要调动各方资源，在共建共享中实现可持续发展。我国是世界上人口数量最多、老龄化速度最快、老年人规模最大、少子高龄化现象最为普遍的国家，对老年社会的快速行进还未做好相应的准备，最重要的是资源储备不足、投入不足。因此，既要强化政府的主导责任，又不能走政府包办或者官民分割的老路，而是需要运用公共政策、公共资源来有效地撬动市场资源与社会资源，引导个人及家庭资源参与，以达到壮大养老服务业物质基础之目的，促使养老服务业快速持续健康发展。

（五）认可我国构建的应当是有中国特色的养老服务体系，走现代性与传统性有机结合的新路。我国传统家庭养老模式越来越难以为继，发展社会养老服务业和机构是必然的选择，但如果完全按照西方发达国家的社会机构养老走下去，结果不是难以为继，而是难以起步。因为 99% 以上的老年人会选择居家养老，中国的社会氛围在总体上亦不能接受机构养老，这不是落后的表现，而是中华文化基因的影响。因此，现代性与传统性都难以适应新时代发展的需要，我国只能走两者结合的发展道路，国家政策体系亦应当以此为出发点。

四、科学应对老龄化的政策建议

（一）提高对老龄化的认识高度，提升应对老龄化的战略层级。2000年，我国刚跨入老龄化门槛时，中共中央、国务院就发布了《关于加强老龄工作的决定》；2012 年，全国人大常委会全面修订了《中华人民共和国老年人权益保障法》；2013 年，国务院发布了《关于加快发展养老服务业的若干意见》；国家“十二五”规划亦对老龄事业做出了相应规划。所有这些，均表明了党和政府对老龄化的重视。然而，当前应对措施主要体现在民生保障上，对老龄化带来的经济、社会、文化乃至政治文明等方面的挑战还未仔细考量。不仅如此，现在的格局仍然是按传统体制、机制与路径的分割应对，老年人群体被制度分割，养老金制度被地区分割，养老服务存在供需脱节，相关产业并未成为预期中的经济新增长点，这表明现行政策及体制、机制还不能适应老龄化的发展变化及已经呈现出来的新情况、新问题。因此，建议将科学应对老龄化上升为基本国策，用以指导相关制度建设和国家中长期规划及老龄产业的发展，采取更为有效的综合应对行动，真正将人口老龄化转化为促进国家健康持续发展的长期有利因素。

（二）调整老龄工作方针及与之相关的体制、机制。新时代的老龄工作宜以维护老年人生活质量与平等、尊严为目标，坚持党政一体领导，社会广泛参与，家庭成员互助，老年人自立自强，并据此调整相关体制、机制。一方面，当前老年人群体的不同身份标识犹存、群体分割分治，不仅带来了不平等，也造成了资源浪费与行政效率低下。因此，应当进一步强化各级党委的领导职责，将老龄委列入党的系统，理顺老龄委与民政部门等的关系并明确划分各自职责，进一步做实老龄工作机构，赋予其具体规划科学应对人口老龄化工作并履行监察职能的职责，真正扮演好老龄工作综合规划中心、信息中心、考核评估中心、政策研究中心等角色。另一方面，尽快改变党政分别包办强势（老干部等）、弱势（“三无”老人等）老年人服务的格局，全面实现养老服务社会化，特别需要重视发挥社会组织与市场机制的作用。政府要托住困难老年人的民生底线，更要智慧地运用公共资源和相关政策来引导市场与社会资源投向养老产业。

（三）制订养老产业专项规划，让其成为国民经济持续发展的新增长点和新兴战略性产业。老年群体在快速壮大，老年人的消费能力日益增强，其物质需求、生活服务需求、文化需求和社会参与需求等构成了整个社会需求的日益重要的组成部分，老龄化带来的消费群体结构变化，必然带来整个社会的消费结构、产业结构、就业结构的变化，经济增长将长期受其影响。因此，国家宜将老年消费视为内需增长的主要驱动力之一，将老年人群体视为推动产业结构变化和经济增长的一支十分重要的力量。为此，国家有必要制定养老产业发展专项规划，明确相关产业的结构布局与发展目标，为养老产业大发展提供行动指南。这种规划应当立足于老年人的数量与结构变化趋势，以老年人的需求为出发点，走社会化、市场化、多元化“三化并举”道路，政府要主导社会化、促进市场化、助力多元化。

（四）尽快促使养老保险制度理性地走向定型。养老金制度为老年人提供基本经济来源，是人们安享晚年的重要保障。我国养老金制度面临的问题，主要不是资金短缺而是结构欠优和资源配置方式有误，因此，应当通过深化改革来促使其在“十三五”走向成熟、定型。一是尽快推进基本养老保险制度全国统筹，真正实现全国制度统一；二是优化基本养老保险制度，包括主体各方相对均衡地分担筹资责任、强化互助共济功能、实现待遇结构正向激励等；三是真正构建起多层次制度体系，通过适度降低基本养老保险替代率、缴费率，为企业或职业年金等留出空间，并给予公平且更具激励性的政策优惠。

（五）抓住未来 5 年左右的窗口期，及时完善养老服务业发展思路与政策体系。新时代的养老服务发展思路，要充分尊重中国的国情，以老年人需求为出发点，坚持立足社区，从重机构养老转为以居家养老为重，从重城市轻农村转为兼顾城乡并向农村倾斜，从依据退休年龄一刀切转化为以年龄为基准并重点考察失能状态为依据，从公办养老机构为主体转化为民办养老机构为主体，全面满足老年人群体的服务需求，应在对老年人进行分层分类的基础上实现精准服务。总体政策取向，应以立足社区服务居家老人为重点，以缓解农村老年人养老服务严重不足和保障失能老人为重点，通过城镇社区和乡村将养老机构、社会组织等的专业化服务与老年人居家生活紧密联系在一起，真正满足绝大多数老年人需求，提高养老服务投入效率。此外，还要打破现行政策界限，明确公办养老机构主要承担收养失能半失能老年人的责任，让有需要的健康老年人（包括“三无”“五保”老人）入住民办养老院，优先扶持立足社区或向社区辐射的养老机构。

（六）尽快建立长期照护保险制度，以达到壮大老年人消费基金，进一步减轻养老后顾之忧，同时增强民间资本投向养老服务业的信心等多重目标。这一制度目前处于试点之中，但多地试点形成的模式各异可能损害制度的健康发展，有必要尽快评估并提升出国家层级的方案，以加快制度建设的步伐。

（七）多管齐下地培养护理专业人才，积极开发老年人力资源。国家有必要尽快制定护理队伍建设专项规划，在“十三五”期间切实推动针对社区工作人员、家庭成员的大规模培养（训）专业护理人才的行动；同时，将老年人人力资源开发作为新时期老龄工作的重要内容，建立老年人志愿服务机制，倡导低龄、健康的老年人参与志愿服务，促进老年人之间互助养老，这是弥补我国年轻护理人才后备严重不足的合理取向。

（八）进一步完善相关法制，为老年人维权提供更加清晰的法律依据。针对子女敬老养老意识开始淡薄。邻里及亲友助老传统式微。老年护理中的意外伤害事件不时发生等现象，有必要将老龄工作纳入全面依法治国战略中，进一步完善《中华人民共和国老年人权益保障法》等相关法律，尽快完善老年人监护制度等。

社会养老服务立法势在必行*

李连宁
（第十二届全国人大法律委员会副主任委员）

社会养老服务是老龄事业发展和老年人权益保障的重点和难点。加快发展社会养老服务业，既有利于促进亿万群众的民生福祉，又能增加有效投资，促进消费。特别是当前中美贸易战升级，外向经济走弱的新形势下，加快社会养老服务业已经成为扩大内需的重要抓手。据有关方面预测，我国养老服务业将从现在的3万亿元产业规模，将以年均11%的速度快速增长。当前，我国养老服务业发展面临着新机遇和各种困难问题。其中，社会养老服务的法律法规不健全，是制约社会养老服务业亟待解决的一个具有全局性的突出问题。1996年，第八届全国人大常委会通过的《老年人权益保障法》，为老年人权益保护提供了基本的法律依据，但该法对涉及社会养老服务的内容，还比较原则，缺乏实操性。

社会养老服务缺乏完备、有效的法治保障，主要体现在：

一是社会养老服务的管理体制机制没有完全理顺。社会养老服务的规划、协调、监督、指导等政府职责不完全到位。比如，社会养老服务体系的建设，涉及国土资源、财政规划、住房建设、卫生、教育、文化、体育、公安消防等诸多部门，各部门职责不够明确，也缺乏有力高效的协调机制，养老服务业的监管也缺乏必要的法律依据。

---

* 在2018年10月17日第四届中国养老服务业发展高层论坛主论坛上的发言，全文刊登于《中国红十字报》（2018年10月19日第6—7版），有删节。

二是社会养老服务领域权利义务关系缺乏有效法律保障，特别是非营利法人的产权关系不能够完全适应社会养老事业发展的需要。如果在设立非营利养老机构时，设立人把大部分财产的产权转移给非营利养老机构的同时，允许设立人通过租赁等债权方式用于非营利养老机构的发展，将会有力地保护设立人举办非营利养老机构的积极性。这也需要通过立法来明确。

三是养老机构设立的行政管理有待进一步规范。例如，不少养老机构，因租用场地改变用途，或设施装修，需要重新进行消防验收，而根据消防有关条例，规划用途不一致的不予受理，造成不少民办养老机构无证经营的局面。据我国中部某省反映，全省建成运营的1100多家民办养老机构中，有400多家未能取得消防许可证。另外还有部分许可审批互为前置，使执行陷入死循环。比如，非营利性养老机构在申请划拨用地时，必须具备民办非企业单位身份，而民政部门在办理民办非企业单位登记证时，又将场地作为审批前置的条件之一。因此，需要对相应的法规进行清理修改。

四是社会养老机构的运行缺乏完备且具有法律效力的规范、制度、标准（包括设计标准、服务标准、评价标准、收费标准等），容易引发纠纷。又因为缺乏法律依据的规范、标准，造成纠纷后难以妥善处理。由于老年人是一个高危人群，生理机能的退化，以及精神智力方面的弱化产生诸多问题。老人入住养老机构后，发生传染性疾病、精神性疾病，还可能出现老人不适应集体生活状况，与他人发生纠纷，甚至出现伤害、自残自杀等情况。由于双方的权利、义务不具体，不明确，又缺乏适应养老机构特点的护理事故处理办法，使得纠纷处理久拖不决，使养老机构的运营方面临诸多潜在的法律风险。

五是扶持政策缺乏刚性保障，难以最终落地。近年来，国家为鼓励民间资本进入养老服务领域，在用地、财税、金融等方面，出台了许多针对性强的扶持政策。但由于缺乏刚性保障机制，特别是政策落实的“最后一公里”问题依然突出，制约了养老机构的健康发展。据有关统计，当前我国民办养老机构一半以上收支勉强持平，40%左右长期处于亏损状态，具有盈利能力的养老机构不足 9%。

因此，社会养老服务立法势在必行、不容迟缓。目前，加快全国性社会养老服务立法的条件已基本成熟。近些年来，江苏、广东、北京、浙江、天津、河北、上海、陕西、重庆、安徽等省市都制定了养老服务的地方性法规。社会养老服务的地方立法已经为全国性社会养老服务立法提供了宝贵经验。建议有关方面认真总结地方社会养老服务立法的经验基础上，加快全国性社会养老服务的立法步伐。

全国性社会养老服务立法的最佳和终极模式是制定《社会养老服务保障法》。第 13 届全国人大常委会立法规划，已经把老年人权益保障法的修改列入第二类需要抓紧工作、条件成熟时提请审议的立法项目。可以把“社会养老服务”作为老年人权益保障法修改的重点内容。同时，抓紧起草国务院行政法规《社会养老服务促进条例》，待条件成熟再上升为社会养老服务保障法。立法内容可以从“促进”逐步推进到“保障”。在立法的方式上可以由主管部门牵头组织起草，或者由主管部门指导，委托有关社会团体、研究机构和有关地方进行社会养老服务立法的前期调研，拟定社会养老服务保障法的前期调研建议稿，再启动立法程序。

总之，我们期待尽快启动社会养老服务立法，为社会养老服务事业的发展提供完备的法治保障。

乘势而上抓落实，推动养老服务业更快发展*

陈俊宏
（第十二届全国政协委员、人民日报社原副总编辑）

以习近平同志为核心的党中央高度重视老年人养老问题。早在 2013 年 12 月 28 日，习近平总书记就明确指出，要推动养老事业多元化多样化发展，让所有老年人都能老有所养、老有所依、老有所乐，让每一位老人都能生活得安心、静心、舒心。2017 年 10 月 18 日，习近平总书记在党的十九大报告中讲到老人养老时，要求积极应对人口老龄化，构建养老、孝老、敬老的政策体系和社会环境；要求推进医养结合，加快老龄事业和产业发展；要求实施城乡居民基本养老保险制度和养老统筹，建立健全老年人关爱服务体系。这些重要指示，明确了我国养老服务业发展的基本路径、政策措施，明确了老年人养老的基本目标、原则要求，为我国养老事业和养老工作指明了正确方向，提供了根本遵循。

第一，认真学习贯彻好中央关于老人养老的指示精神，是推动养老服务业更大发展的根本前提。多年来，党中央、国务院出台了一系列推进养老事业发展、构建养老服务体系的文件。党的十九大对老人养老又提出了新的要求。现在社会组织、民间资本，参与和推动养老服务业发展的积极性很高，但还是会遇到不少障碍，许多政策难以落地，比如土地划拨、养

* 在 2017 年 10 月 28 日第三届中国养老服务业发展高层论坛主论坛上的发言，全文刊登于《中国红十字报》（2017 年 10 月 31 日第 6 版），有删节。

老床位补贴、政策优惠、护理人员培训等。对于这些问题，对于这些方面，我们要很好地研究，提出建议，按照党的十九大精神，抓住机遇，乘势而上，形成合力，共同推动养老政策的真正落实。

第二，充分发挥社会组织作用，是推动养老服务业更大发展的重要力量。党的十九大强调了发挥社会组织协商和社会组织作用的重要性。社会组织体制顺畅、机制灵活，参与养老事业既是情理所系，又是职能所在，既是名正言顺，又是实至名归。多年来，中国红十字会总会事业发展中心，坚持公益性与市场化相结合，与国有企业、民营企业进行合作，共同打造曜阳养老品牌，与中国人民解放军总医院、北京协和医院、复旦大学附属华山医院、河北承德护理学院等单位合作，共同培训养老护理队伍、医疗队伍，创新医养结合服务方式，做出很好的成绩。我们一定要发挥社会组织的作用，总结新鲜经验，不断开拓养老服务的新路径。

第三，积极推动产业融合发展，是推动养老服务业更大发展的基本保证。党中央提出新发展理念，即创新发展、协调发展、绿色发展、开放发展、共享发展。党的十九大进一步强调了坚持新发展理念和融合发展的重要性。产业融合发展已成为新趋势新常态新格局。现在，叫得最响的就是媒体融合和军民融合，而且要求深度融合。其实，“互联网 +”的热潮一浪高过一浪，就是融合发展的突出体现。养老融合发展，有两件事要抓紧干：一方面大力推进“互联网 + 养老”行动，建立各类平台，为老人安度晚年提供更方便更及时更精准的服务；另一方面大力构建医养结合的体制机制，解决好老年人的治病问题，这就需要养老行业与医药卫生行业、社会保障方面紧密结合，走出医养结合的新路子。

第四，主动及时补齐补好短板，是推动养老服务业更大发展的关键环节。养老行业的短板不少，最突出最重要的是老人特别是失能老人的护理服务问题。我国护理人员严重不足，而且专业化水平较低。我国现有 60 岁以上老人 2.4 亿，其中失能老人 4000 多万，而且每年都在增加，护理照看的任务愈发繁重和艰巨。国家应当采取措施，鼓励更多适合人员从事护理工作，进一步扩大对居家养老失能老人的护理补贴，同时要通过购买服务方式，由相关组织加强对护理人员的培训，以改善护理队伍整体素质，不断提高养老服务水平，促进养老服务业健康持续发展。

进入新时代，踏上新征程。我们一定要认真学习贯彻好党的十九大精神，以习近平新时代中国特色社会主义思想为指引，齐心协力，奋发进取，努力做好养老服务工作，让老人们更好地安享晚年幸福生活，让老人们更好地共享全面小康成果！

以新时代中国特色社会主义思想为指引，开创养老服务工作新局面*

江　丹

（中国红十字会总会事业发展中心主任、
中国老龄事业发展基金会副理事长）

习近平总书记在党的十九大报告中，鲜明提出了“中国特色社会主义进入新时代”的重大政治判断，精辟阐述了新时代中国特色社会主义思想和基本方略，科学描绘了新时代中国特色社会主义事业的宏伟蓝图，让全国各族人民对祖国未来充满信心。认真学习贯彻党的十九大精神，研讨做好新时代的养老服务工作，对于加快推动老龄事业和产业的更大发展，具有重大而又深远的意义。

一、红十字会参与养老服务工作的实践探索

多年来，中国红十字会总会事业发展中心在总会党组的关怀和指导下，遵照习近平总书记提出的“推动养老事业多元化、多样化发展，让所有老年人都能老有所养、老有所依、老有所乐、老有所安”的总体要求，

---

* 在 2017 年 10 月 28 日第三届中国养老服务业发展高层论坛开幕式上的发言，全文刊登于《中国红十字报》（2017 年 10 月 31 日第 7 版），有删节。

贯彻国家出台的一系列老龄工作方针政策，秉承宗旨、牢记使命，积极探索红十字会参与养老服务工作的职责和定位。

一是实行“医养护”一体化，探索医养结合养老服务新模式。将现代医疗和养老服务有效结合，实现“有病治病、无病疗养”的养老保障，发挥红十字会“人道救助、应急救护”的业务优势。2015 年，我们与北京医院、北京城建集团共同签订《“国家老年医学中心医养结合示范养老院”合作协议》，三方合作把北京曜阳老年公寓建成“国家老年医学中心医养结合示范养老院”。2016 年，我们与承德市委市政府合作，共同筹建“京承国际健康产业园”，其中的一个重要板块就是兴建健康大学，培养医养结合专业人才；与贵阳市委市政府合作创立贵阳市曜阳养老服务中心，引进北京高端医疗团队和设备，依托当地医疗机构，与贵阳市 14 家具有一定规模的养老机构，搭建联盟平台，把医疗服务送进社区和家庭，目前已服务老人 10 万余人次。

二是关爱贫困失能老人，探索帮扶特殊困难老人办法。“改善最易受损人群的生活境况”，是红十字会的工作目的。我们广泛动员社会各界力量，募集款物，将高龄、空巢、失能、失智等特殊困难群体老人作为重点服务对象。2013 年，我们启动实施“曜阳关爱失能老人行动”公益项目，在江西、陕西等 11 个省（自治区）建成了 70 家托老所，累计为 1000 名失能老人提供公益性养老服务。2014 年，我们向财政部申报“中央专项彩票公益金支持失能老人养老服务项目”，获批 1.23 亿彩票公益金，两年内在全国 29 个省区市，资助 589 家养老机构，直接受益失能老人和惠及的老人近 5 万人。

三是举办专业人员培训班，探索提升养老管理和服务水平的方法。当前，我国养老服务人员严重不足，综合素质亟待提升。为补上这一短板，我们先后与云南、贵州、甘肃、广西、海南等省份红十字会合作，共同举办曜阳养老护理员、院长培训班 14 期，累计培训全国 500 多家养老机构的专业人员 3000 余人次；与比利时 UCB 公司合作，先后在新疆、广西和贵州等省（自治区）少数民族地区，举办全科乡村医生培训班8期，累计培训29个少数民族的1000余名乡村医生；与中国社会保障学会合作，研究制定曜阳养老标准体系，共同举办培训班，全国60家养老机构参与标准试点工作并派出有关负责人参加培训。

四是试行“互联网+养老服务”，探索智能化养老发展路径。2014年，我们在扬州市进行“互联网+养老服务”试点，成立扬州曜阳养老服务中心，开通“12349”服务热线，运用智能化养老服务信息平台对老人健康进行动态监控和跟踪服务，建立老人健康档案，把专业化、个性化的养老服务送进社区和家庭。2016年，我们又在陕西、河北等4个省，建立“微孝百分”养老服务信息平台，目前全国已有近3000家养老机构加盟使用，惠及家庭10万户以上。

五是举行大型社会公益活动，探索与其他社会组织合作机制。近几年，我们与中国社会保障学会、北京医院合作，举办第一届和第二届中国养老服务业发展高层论坛，围绕“互联网+养老”“医养结合、关爱老人”等主题进行交流研讨；与中国社会保障学会合作，在厦门举办海峡两岸养老服务论坛，就海峡两岸养老服务业发展情况进行交流；与中国老龄事业发展基金会合作，在邯郸、长春分别举办“关爱失能老人”大型公益活动，动员社会各界力量，传递孝亲敬老正能量，共创时代新风尚。我们还重视对外交流合作，先后赴比利时、日本、巴西、阿根廷等多国考察，学习借鉴国外先进养老服务经验。

中国红十字会总会事业发展中心参与养老服务工作的实践探索，在社会上产生了积极影响，得到了上级领导和社会各界的普遍认可。“曜阳养老”模式被遴选为中央党校教学案例，走进了中央党校省部班、地厅班和中青班课堂；中国社会保障学会进行专题调研，将“曜阳养老”作为案例，写进了专题报告，中央媒体多次对曜阳养老进行报道。

二、对社会组织从事养老服务工作的基本认识

党和政府早就确立了“党委领导、政府主导、社会参与、全民行动”的养老工作指导方针。社会组织具有公共性，又能提供差异性服务，在开展养老服务中，具有不可替代的重要作用。

第一，坚持走符合中国国情的社会化养老之路。当前，我国养老服务面临着“未富先老”、老龄人口最多、老化速度最快、持续时间最长等特殊情况，仅靠政府之力难以满足日益增长的社会养老服务需求。多年来，我们调动社会力量，整合社会资源，筹建“曜阳老年公寓”、打造“曜阳托老所”、探索“曜阳保姆服务”，形成了与机构、社区和居家养老相适应的“三位一体”曜阳养老服务工作体系，满足了不同层次、不同类型老人的养老需求，受到社会好评。

第二，坚持探索公益性服务与市场化运作相结合的养老模式。一方面，积极筹集社会资金，努力争取政府政策扶持和资金支持，为特殊贡献老人和特殊困难家庭老人提供免费或优惠的公益性服务，充分体现公益性；另一方面，按照市场需求和经济规律运营，将一部分公寓和文化娱乐设施对外开放，增设特色养老服务项目，增加营业收入。只有通过市场化运作，变“输血功能”为“造血功能”，才能不断积累用于公益的社会资金，促进养老事业可持续发展。

第三，坚持拓展社会组织从事养老服务的路径和领域。在我国养老服务需求总量迅速增加，对公共服务质量要求不断提高的大背景下，政府购买养老服务，是推动养老服务供给主体多元化，突破我国养老服务供给瓶颈的有效路径。应通过不断扩大政府购买服务，鼓励社会组织积极参与养老服务工作，全面发展养老服务业。应积极推动养老智能化，鼓励社会组织建立智能化养老服务平台，形成“互联网 + 养老服务”模式，提供生

活照料、健康管理、康复护理、精神慰藉等服务内容，使老年人能够得到及时、多样、优质的服务。

第四，坚持完善社会组织从事养老服务的政策体系。社会组织从事养老服务工作需要政府的大力扶持和产业引导。政府要完善相关政策，明确基本养老服务范围，厘清政府与市场边界，完善社会组织从事养老服务工作的税费、土地、融资等优惠政策。同时，要完善配套法律法规，政府购买养老服务的范围、程序、经费保障、争议解决方法以及关于非营利组织的法律地位、税收优惠等要进一步明确，社会组织从事养老服务工作的成本核算依据、补偿标准、补贴范围、相应的投资回报与经营风险补偿机制要抓紧建立。

第五，坚持营造有利于社会组织发挥作用的社会环境。党的十九大报告将社会组织的作用纳入协商民主体系之中，要求统筹推进政党协商、人大协商、政府协商、政协协商、人民团体协商、基层协商以及社会组织协商，这是社会组织政治功能进一步加强的重要体现。在新的社会格局中，国家将进一步支持社会组织发展，党和国家将会更加重视社会组织的作用和意见。社会组织对于解决有关社会问题的成功探索与倡导，将会较快地转化为社会政策。社会组织一定要在养老服务中勇于担当，主动作为，锐意进取，积极创新，更好地发挥生力军作用，将我国老龄事业不断向前推进。

三、以奋发进取的姿态做好新时代的养老服务工作

习近平总书记在党的十九大报告中明确指出，“中国特色社会主义进入新时代，我国社会主要矛盾已经转化为人民日益增长的美好生活需要和不平衡不充分的发展之间的矛盾。”这一重大政治判断和重大理论创新，

涵盖了经济、政治、文化、社会、生态等方方面面。习近平总书记还指出，要“积极应对人口老龄化，构建养老、孝老、敬老政策体系和社会环境，推进医养结合，加快老龄事业和产业发展”。红十字会作为党和政府在人道领域联系群众的桥梁和纽带，更应振奋精神，奋发进取，发挥好助手作用，在协助党和政府保障和改善民生，特别是养老服务方面创出新业绩，作出新贡献。下一步，总会事业发展中心将以党的十九大精神为指导，在参与养老服务方面着力做好五个方面工作。

一是精心编制养老服务工作五年规划。在中国红十字会总会的指导下，深入贯彻党的十九大精神，编制好事业发展中心五年发展规划，这是确定中心今后工作定位、方向和目标的一件大事。养老服务是中心的核心业务和重点工作，事业发展中心未来五年参与养老服务工作的目标、任务、重点和措施等都要安排到位。我们一定要努力打造曜阳养老成为知名养老品牌，力争实现曜阳养老规模化、特色化和连锁化。

二是切实抓好总会委托的与养老有关的三项调研工作。2017年年初，中国红十字会总会、民政部和国家老龄办联合下发《关于红十字会参与养老服务工作的指导意见》，明确红十字会参与养老服务的指导思想、基本原则、主要任务，为我们全面参与和开展养老服务工作提供了政策依据。前不久，总会委托事业发展中心重点开展好老年人能力评估、老年人救助和养老技能普及培训三项调研工作。做好三项调研，既为总会制定有关政策措施，指导地方红会参与养老服务提供依据，同时也为中心继续当好先行军，拓展参与养老服务工作领域打好基础。

三是继续做好关爱特殊困难老人工作。当前，我国高龄、空巢、失能、失独等特殊群体老人高达1.56亿人，他们中多数身患各种疾病，很难享受到专业的生活照料和医疗护理，应该得到社会的特别关注。在今后的五年里，事业发展中心将这一老年群体作为重点帮扶对象，继续开展“关爱失能老人行动”，通过各种渠道筹集资金，倡导爱心企业和爱心人士，献爱心，送温暖，改善他们的生活境遇，让他们感受到党的温暖，共享改革开放成果，进一步增强获得感、幸福感。

四是启动参与农村养老服务的实践探索。根据国家有关统计数据，我国农村人口的老龄化程度比城镇更高，高龄化程度更严重。城乡养老服务发展不平衡，已经成为影响和制约我国养老服务业健康发展的重要因素。从明年开始，我们将制订工作计划，率先在四川、贵州等省试点，积极参与和推动农村社会化养老服务，协助补齐当前我国养老服务发展短板。

五是大力推进“曜阳养老联盟”建设工作。总结陕西、河北、湖北和吉林等省智能化养老试点工作经验，依托事业发展中心信息网和微孝百分网，筹建“曜阳养老联盟”，创立公开、透明、开放、共享的“智能养老”服务平台，为加入联盟的养老机构提供法律服务、政策咨询、信息共享等公益服务，提升养老机构的服务质量和水平。在“曜阳养老联盟”机构建设中，特别要抓好党建工作，发挥党组织在推动养老机构发展中的战斗堡垒作用和党员在养老服务工作中的先锋模范作用。

孝道之行，社会安宁。进入新时代，踏上新征程。在精神上，我们要有新面貌；在工作上，我们要有新气象；在事业上，我们要有新发展。让我们在以习近平同志为核心的党中央的坚强领导下，在中国红十字会总会的有力指导下，以习近平新时代中国特色社会主义思想为指引，奋发有为，开拓创新，努力开创新时代的养老服务工作新局面，努力加快我国老龄事业和产业发展，为实现中华民族伟大复兴的中国梦，作出新的更大贡献！

新时代养老服务的新发展*

童　星
（中国社会保障学会副会长、南京大学教授）

党的十九大报告将养老列为民生领域的“短板”，坦承人民群众在养老方面“还存在很多困难”，强调要“积极应对人口老龄化，构建养老、孝老、敬老政策体系和社会环境，推进医养结合，加快老龄事业和产业发展”。在党的十九大精神鼓舞下，新时代我国的养老服务事业和产业都将得到显著的新发展。

一、更新养老服务的理念

解放思想，理念先行。为了更好地促进养老服务，有必要澄清认识误区，树立以下一些理念。

理念一：问题不在于老龄化，而在于对快速老龄化准备不足。

现在讨论养老服务乃至老年保障问题时，流行一种说法：问题出在老龄化，尤其是快速老龄化。其实，老龄化本身并不是社会问题，健康长寿乃是每个人的美好生活向往，也是国家公共政策的伦理指向。对快速老龄

* 在 2018 年 10 月 17 日第四届中国养老服务业发展高层论坛上的发言。

化准备不足才是问题之所在。公共政策不是要阻止老龄化，而是要寻找最佳的老龄化应对之策，营造养老、孝老、敬老的社会环境，其中养老服务占有极其重要的地位。

理念二：养老保障不限于养老保险，更有赖于养老服务。

长期以来，我国社会保障体系建设的关注点一直集中在经济保障即社会保险上，忽视服务保障，政府主管社会保险的部门直接以社会保障部（厅、局）来命名。相应地，在养老保障领域，表现为养老保险不断扩大覆盖范围、持续提高待遇标准，但却忽视发展养老服务；相对于养老金的发放数量，投在养老服务上的财政支出明显偏少。这在由贫穷走向温饱、由温饱走向小康的历史阶段是情有可原的。随着社会主要矛盾的转化，表现在养老领域就是一方面养老服务的需求浪涌式增长，另一方面养老服务的供给相对滞后，有钱不一定能购买或享受到服务。这就迫切要求我们调整思路，在完善养老保险制度的基础上，政策重心和工作重点转到发展养老服务上来，构建“养老保险＋养老服务”的老年保障体系。

理念三：养老服务不等于机构养老，应当完善由家庭、社区、机构有机合成的养老服务体系。

提到发展养老服务，不少人马上想到办敬老院、养老公寓等机构，为鼓励社区办养老机构还单独列考核指标、给政策补贴，将居家养老、社区养老、机构养老视为三个相互独立、平行运作的养老服务模式。其实，从老人居住方式来划分，养老只有居家养老和机构照料两种方式。纯粹的居家养老不属于社会化养老，社会化养老也不排斥居家方式，在可以预见的相当长时期内，绝大多数老人还会以“居家”的形式养老，子女还要承担赡养老人的义务；不仅世界各国如此，东亚社会更是这样。纯粹的机构照料如果不和面广量大的居家老人相联系，不仅发挥不出自身的示范和引领作用，而且会陷入或高收费、仅满足少数高端老人之养老需求，或低收费、仅满足少数老人甚至是关系户老人之养老需求，这样的机构养老也不具备社会性。社会化养老超越家庭养老之处在于，在家庭成员老人自养、老伴互养、晚辈赡养的同时，还有政府主导、社会参与和全民关怀。社会化养老超越机构照料之处则在于，通过社会网络，可以发挥机构照料专业化服务的示范、引领和辐射作用。社会化养老服务的落脚点只能是社区，即以居家为基础、以社区为依托、以上门服务和社区日托为主要形式，并引入养老机构专业化服务的社会化养老模式，可称之为“社区居家养老”。这是“不离家的社会养老”或“没有围墙的养老院”。

理念四：养老服务并非全为政府主导的事业，更包括市场化的产业。

由于全社会对快速老龄化的应对准备不足，所导致的各种社会和家庭问题日益凸显，老年人及其家庭面临的需求多种多样。从责任主体看，解决种类各异的社会和家庭问题、满足多种多样需求的养老服务，绝非政府、市场、社会、家庭中的任何一方所能胜任。养老服务既包括政府主导的属于公益性质的事业，又包括交给市场负责的属于营利性质的产业，且离不开家庭、社区、公众的参与。作为政府主导的事业，养老服务主要覆盖失能半失能老人和困难的老年贫困群体；作为市场经营的产业，养老服务主要满足中等收入及以上老人及其家庭的多层次、多种类的需求；养老服务事业和养老服务产业的融合发展，共同构成应对快速老龄化的养老服务行业。

二、稳定和创新养老政策

首先要稳定养老政策。这是因为前一个阶段，刮起了一股不大不小的阴风，“私营经济离场论”“新公私合营论”相继出笼，质疑改革开放、批评现行方针政策的言论不断。这股风不仅刮向经济主战场，也影响到养老服务领域，社会资本和社会力量，已经进来的忧心忡忡，准备进来的裹足不前。其实，中央一直坚持“两个毫不动摇”，即毫不动摇地发展公有制经济，毫不动摇地鼓励、支持、引导非公有制经济发展。为了刹住这股风，习近平总书记亲自主持召开民营企业家座谈会，称民营企业家为“自己人”，强调，现在的很多改革举措都是围绕怎么进一步发展民营经济，对这一点民营企业要增强信心。我们要为民营企业营造好的法治环境，进一步优化营商环境。党的路线方针政策是有益于、有利于民营企业发展的。

鉴于养老服务领域的特殊性和服务需求的多样性，更需要社会资本的投入、多种运营形式的并举、各种社会力量的参与。早在2000年，国务院办公厅就转发民政部等10部委《关于加快社会福利社会化的意见》，明确提出发展“多种所有制形式的社会机构”的目标和设想，制定了社会力量举办社会机构的优惠政策，标志着我国包含养老服务在内的社会福利事业发展进入一个新阶段。2013年，《国务院关于加快发展养老服务业的若干意见》更是我国养老服务业发展史上的重要里程碑。该意见强调充分发挥政府的主导作用，充分发挥社会力量的主体作用，健全养老服务体系，满足多样化养老服务需求，努力使养老服务业成为积极应对人口老龄化、保障和改善民生的重要举措，成为促进服务业发展、推动经济转型升级的重要力量。当前应当毫不犹豫地坚持这些既定的方针政策，以政府为主导，充分发挥社会力量的作用，着力保障特殊困难老年人的养老服务需求，确保人人享有基本养老服务的原则；实现养老服务对居家老年人的全覆盖，全国社会养老床位数达到每千名老年人35—40张（老龄化程度高且经济发达的地区该指标还可以更高），全国机构养老、居家社区生活照料和护理等服务提供约1000万个就业岗位的发展目标；集中力量做好以下六个方面的工作，即统筹规划发展城市养老服务设施、大力发展居家养老服务网络、大力加强养老机构建设、切实加强农村养老服务、繁荣养老服务消费市场、积极推进医疗卫生与养老服务相结合；落实并完善财政投入、保险资金、民间资本的投融资政策，优先保障非营利性养老机构的土地供应政策，民间资本投资养老服务业在营业税、所得税及行政事业性收费等方面的税费优惠政策，对民办公助的补助投资、贷款贴息、运营补贴、政府购买服务等补贴支持政策，在养老机构和社区开发公益性岗位，吸纳农村转移劳动力、城镇就业困难人员等从事养老服务等引导和扶持政策。

其次要创新养老政策。坚持深化改革的精神，利用本轮国家行政机构改革将老龄办划归卫生健康委员会代管的契机，积极推进医疗卫生与养老服务的政策对接，探索建立老年人长期照护保障制度，在医养融合方面取得新进展；以贯彻落实《慈善法》以指导，加大政府购买服务的力度，引导更多的慈善组织投入养老服务领域；以落实养老服务地方标准为依托，对养老、护理、医疗、康复机构以及社区的助餐中心、日托中心分类制定服务标准和管理规范，建立健全行业自律、评估、监管机制，提升养老服务机构的专业化程度和服务水平；加快公办养老机构改制试点，形成多种所有制、多种运营模式的养老服务机构并存、竞争、发展的行业格局；开展并扩大老年人住房反向抵押养老保险试点等。

总之，通过稳定和创新养老政策，进一步推动从单纯保障城镇“三无”人员和农村“五保老人”向为全社会老年人提供养老服务转变；从仅管理非营利性养老机构向营利性和非营利性养老机构全行业管理转变；从偏重发展养老服务事业向促进养老事业与养老产业共同发展转变；从政府直接办服务向政府重点购买服务转变；从单纯培育发展向建管并重转变，深化养老服务管理体制和运行机制改革。

三、包容行业发展

既然养老服务兼具事业和产业的性质，养老服务形式兼有社区居家养老和机构养老，其中社区连接居家老人和机构，机构服务通过社区向居家老人辐射。因此，养老服务必然要坚持共建共治共享的原则，由政府的“独角戏”转变为政府、市场、社会的“大合唱”。这就需要明确政府、市场、社会三者的功能，厘清三者的边界，处理好三者的关系。

当前，政府在养老服务中的功能主要有：一是制定并落实养老服务规划特别是信息化的顶层设计。国家老龄事业发展规划要求“做好居家养老服务信息平台试点工作，并逐步扩大试点范围”；国家社会养老服务体系建设规划也强调，“加强养老信息化建设，依托现代技术手段，为老年人提供高效便捷的服务，规范行业管理，不断提高养老服务水平”。为适应互联网和人工智能时代的到来，还亟须制定扶持发展智慧养老的规划和政策。二是制定并落实相关扶持政策，按照“谁投资、谁管理、谁受益”的原则，鼓励和支持不同所有制性质的单位和个人以独资、合资、合作、联营、参股等方式兴建适宜老年人集中居住、生活、学习、娱乐、健身的老年公寓、养老院、敬老院等，并与社区订立互助合作协议，为协议社区的老人提供良好的养老服务，吸引市场力量和社会力量投入到“互联网＋社区居家养老服务”中来。三是制定准入标准，加强规制监管，以法治来保障“互联网＋社区居家养老服务”；并且发挥“托底”作用，以公办养老机构或低保救助等方式，保障困难老人（尤其是其中的失能半失能老人）群体的基本养老服务需求。总之，通过政策制定和机制创新，完善养老服务体系；通过资金补贴和主动干预，保障所有人的基本福利；通过宏观调控和行政监管，调节资源配置，确保养老服务行业公平有序发展。

市场在养老服务中可以发挥强大的功能。作为市场主体的企业来说，一是积极介入社区居家养老服务领域，寻求经济效益和社会效益的最佳结合点。不少介入养老服务业的企业热衷于办高档老年公寓和大型养老城，其实把成千上万的老人集中在一起，使其离开家庭、邻里、社区，既不符合老人的意愿，也违反客观规律，更有害于老人的身心健康。可以考虑采用连锁经营的形式，以老年公寓、养老机构为枢纽，以社区养老（助餐、日托）中心为节点，辐射到更多的居家老人。二是积极开发、运用智慧养老系统。建立养老信息服务平台，开发便携式养老服务软件，完善养老服务热线、养老服务求助系统和救援系统、养老服务反馈评估系统。例如，可以对老人家庭设施进行无障碍改造；可以开发助便、助浴器械以及各种类型机器人；可以在家中台阶或者床边安装压力传感器，检测老人是否摔倒并发出警报；也可以用联通到定点医疗机构的“体况智慧腕表”等对老人的生命体征进行远程监测，帮助老人提早发现疾病并进行治疗；还可以通过安装烟雾探测器、燃气探测器等，防止老人在家中出现安全事故。总之，市场在资源配置上可发挥决定作用，提供多样化、多层次的服务项目，最大限度满足老年人不同需要；推动产业发展，使养老服务业成为促进经济社会发展的新功能。

社会在养老服务中具有政府、市场所没有的特殊功能，它紧贴居家老人家庭，可以通过实施“三社联动”（即社区、社会组织、社会工作联动），发挥社会化养老的“枢纽”作用。其中，社区是平台，社会组织是载体，社会工作人才是队伍。社区作为社会化养老的平台，引入社区外资源为社区内居家老人服务，而资源中的第一要素就是人才，特别是社会工作人才。社会工作者既是一类特殊的志愿者，又优于一般的志愿者，他们具备某项特殊的专业技能以及“助人自助”的理念。社工人才又不是一个个独立的“原子”，往往需要加入某个社会组织，特别是社区福利服务类社会组织，通过社会组织进入社区、开展社区居家养老服务。此外，还要充分发挥家庭成员赡养照料老人的责任和义务，并考虑建立照料者津贴制度，以激励家庭成员和社会人员参与社区居家养老服务，形成家庭养老和社会养老的合力。总之，以家庭、社区、社会组织为主体，通过家庭成员照护、社区邻里互助、机构专业服务、慈善帮扶等方式参与养老服务，团结弱势群体，有效表达需求，形成养老、孝老、敬老的社会氛围。

政府、市场、社会三者在养老服务中发挥各自功能的时候，应当厘清相互之间的边界。

政府与市场之间的边界是：市场有效率，政府不宜过多干预乃至代替市场，应尽可能把服务供给从自管自办让渡给市场；资本要逐利，政府应当强化兜底责任，通过宏观调控将资源向弱势群体倾斜。

政府与社会之间的边界是：社会及其细胞家庭、社区都是自我运行的活的有机体，完全有可能自我管理、自我调节。对于家庭、社区的养老功能，政府应当帮助其恢复和增强，而不是简单地去替代；同时要发挥社会组织在老年人组织化、需求表达、团结互助中的作用，精准掌握服务需求和效果。

市场与社会之间的边界是：市场会主动了解社会需求，准确提供服务，推进供给侧和需求端有效对接；社会的公益慈善项目及社会组织的活动，应当严格遵守法律法规和市场规则，避免干扰市场。

不仅在实践中要促进政府、市场、社会（含社区和家庭）的互助合作，实现养老服务行业的包容发展，对养老服务的学术研究，也需要促进多学科互助合作、包容发展。例如，社会学的研究有助于把握老年人的真实需求，充分利用各种社会资源，使养老服务更具有精准性；经济学的研究有助于合理配置资源，提高服务效率，使养老服务更具有可持续性；管理学的研究有助于在现实的约束条件下处理好各种关系，提出各方面和各代人都可接受的方案，使养老服务更具有可行性。

四、养老机构不应盲目追求数量和规模

在“社区居家养老”模式中，机构承担着通过社区，将自身的专业化养老服务辐射到千百万居家老人的任务，在社会化养老服务体系中发挥着示范和引领作用，所以关键在于提升服务质量，而非增加机构数量、扩大机构规模。

增加机构数量的呼声，其理由据称是我国面临的快速老龄化。目

前60岁以上的老人超过总人口的15%，65岁以上的老人超过总人口的10%；到2050年，60岁以上人口会达到4亿，每4个人当中就有1个老人。可是，难道每一个老人都需要别人为其提供养老服务吗？现在许多老人不仅不需要别人提供服务，反而还在务农、打零工，帮助子女料理家务、照顾孙辈的老人则更多，也就是说，这些老人还在为别人提供服务，还在继续发挥着“余热”。其实只是失能半失能的老人才需要别人提供养老服务，而失能半失能老人的总数不足4千万。即使是这4千万失能半失能老人，也并非都会进入养老机构，其中许多人还是会居家，通过老人自养、老伴互养、晚辈赡养以及社区提供帮助等方式得到解决。还要看到，城市和农村、不同城市、不同家庭的情况也不同：城市老人入住养老机构的比例一般远高于农村老人；“北上广深”等一线城市，“无家可归”（指没有农村的家可回）的老人较多，他们选择入住养老机构的比例会高些；三线城市和小县城，许多老人“有家可归”，他们选择居家养老的比例会高些。如果不注意这些差别，不从老人的实际需求出发，盲目规定养老机构的数量和床位的数量，恐怕会造成很大的浪费。

扩大单个机构规模的呼声，其理由则是为了提高规模效益，有些地方已经建成、更多地方正在筹建可居住上万老人的“老年公寓”“敬老院”“养老城”。这种做法违背自然规律和老人心理，不仅会严重损害老人的健康和心理，而且会使其产生“被社会抛弃”“排队等死”的感觉。东亚一些国家的社区将需要托管的老人、儿童、学生集中在一起，老少互帮，其乐融融，这是顺应规律、符合人性的。专业化的养老、护理、医疗、康复机构应当小而精，集中为有需求的失能半失能老人服务，并通过社区提供的平台，将服务辐射到有需求的居家老人，形成连锁效应，这同样也可以实现经济效益。

此外，特别要警惕有些房地产商以建设“老年公寓”“养老城”为名，实则“圈地”搞房地产开发。对这类行为不仅不能鼓励支持，还应当限制甚至禁止。

中国养老保障制度与务整合

———基于“四力协调”的分析框架*

丁建定

（中国社会保障学会副会长、华中科技大学教授）

一、养老保障制度与养老服务整合的学理基础

目前，中国已经建立起多群体、多项目、多层次的养老保障制度与服务体系，但是，现行制度与服务不仅存在不同社会群体的养老保障制度间的割裂，而且存在同一社会群体间的割裂，还存在不同项目间的割裂。必须对不同群体、项目、层次的养老保障制度加以整合，以实现养老保障制度与服务体系完善，提升老年人养老保障的获得感、幸福感和安全感。养老保障体系是一个系统，它不仅包含养老保障制度，而且也包含养老服务，养老保障制度是养老保障体系的基础，基本养老服务则是养老保障制度的延伸和扩展。基本养老保障制度的目标在于保障老年人的基本养老收

* 在 2018 年 10 月 17 日第四届中国养老服务业发展论坛主论坛上的发言，后整理发表于《西北大学学报（哲学社会科学版）》2019 年第 2 期，为华中科技大学自主创新基金文科专项任务项目（2015AA005）和教育部哲学社会科学重大课题攻关项目（13JZD019）的主要成果。

入，基本养老服务的目标则是实现老年人的生活照料与幸福。

养老保障制度与服务整合是现代社会养老内涵的要求。现代社会养老与传统家庭养老具有本质不同。社会养老导源于工业社会，其基本支持系统为社会关系，责任主体与支撑单位包括家庭、社会与政府。家庭养老导源于农业社会，其基本支持系统为血缘关系，责任主体和支撑单位为家庭或宗亲；社会养老需要政策化，家庭养老需要高度家庭化；现代养老体现联系的社会，家庭养老反映个体的社会。正因如此，现代社会养老体系的基本理念是共同责任理念。从传统家庭养老走向现代社会养老即是工业化与城市化所使然，也是应对人口老龄化和家庭核心化的必然。包含个体、社会、政府等基本主体在内的共同责任理念必然是社会养老保障体系建设的基本理念。

养老保障资源配置是共同责任理念的必然要求。责任与资源不可分，责任往往以资源的形式体现，如个体的责任与资源、家庭的责任与资源、社会的责任与资源和政府的责任与资源。共同责任理念必然要求关注资源配置，因为，共同责任并非平均责任，共同责任是相关主体责任的协调，共同责任必然体现为相关资源的合理配置。资源配置也便是养老保障制度与服务整合中的关键环节。

养老保障制度与服务整合也是养老保障制度与服务关系的要求。养老保障制度从功能上说，主要是达成需求者需要的资源和条件，如现金、设施与人力资源。养老服务体系从功能上说，则主要是将相关资源传递给需求者进而达成其需要满足的过程，亦即利用相关社会福利资源实现需求者满足的途径，主要包括服务的提供者即谁服务，服务的内容即服务谁和服务什么，服务的方式即怎么服务以及服务的效果即是否合理满足需求者的需要。这些都决定于一个重要的群体，也就是养老保障的对象，养老对象是需要通过某种服务获得和实现某种需求的个体或者群体。与之相关的主要关系则是，谁需要，需要什么和是否有效获得或者满足。

养老保障制度与服务的基本关系表现为，养老保障制度是服务的基础和前提条件，养老服务是养老保障制度目标和预期的实现途径，制度加服务亦即资源加传递过程，才能有助于服务对象需求的合理满足。可见，资源配置是实现通过资源传递有效满足需求者需求的必然要求，养老保障制度与服务对象的需求通过服务提供才能获得满足，养老服务的提供必须有一定的资源和条件，对象需求的有效满足需要资源的合理配置与服务的合理提供。养老保障制度与服务的关系决定了养老保障制度与服务整合以及资源配置的必要性。

此外，养老保障制度与服务整合也是供给与需求关系的要求。福利供给就是福利资源的供给，它是服务供给的基础和条件；服务提供是满足对象需求的途径，是福利供给的传递过程；对象需求的满足既需要福利供给作为条件，也需要服务提供作为途径，其满足的有效性决定于福利资源与服务提供之间协调的程度，亦即福利资源与服务提供之间配置的有效程度。福利与服务的供给与需求关系使得养老保障制度与服务整合以及养老服务资源配置成为核心因素。

养老保障制度与服务整合中的资源配置需要厘清主体责任。社会养老保障的责任主体包括家庭、社区、机构、政府与公益性组织和个人，社会养老保障主体的责任存在不同。家庭具有基于伦理义务的道德责任，社区具有基于契约的法律责任，机构也是基于契约的法律责任，政府承担基于公民权利的财政责任，公益组织或者个人的责任比较复杂，如参与但无责任、道德责任、契约责任、法律责任等。具体来说，政府责任在针对最困难人群的最迫切需要和最广大人群的最基本需要方面应该发挥主导作用，在居家养老的需求方面发挥政策支持作用，在差异化养老需求方面发挥引导作用；社会责任在最困难人群最迫切的需要和最广大人群的最基本需要方面具有辅助作用，在居家养老的需求和差异化养老需求方面应发挥主导作用；个人责任在最困难人群的最迫切需要和最广大人群的最基本需要方面只是辅助作用，在居家养老的需求和差异化养老需求方面应发挥主导作用。

于是，与养老保障制度与服务整合、更与养老保障实施效果直接相关的几个要素便呈现出来，这就是养老保障制度与服务对象的自理状况所决定的需求力，养老保障制度与服务对象的收入状况所决定的承受力，养老保障制度与服务对象的满足状况所决定的获得力，养老保障制度与服务实施过程中的养老保障资源的配置力，这种资源配置力在目前阶段既表现为对养老保障制度与服务的整合力，也表现为对养老保障与服务资源的基础配置力。养老保障制度与服务的实际效果取决于养老保障与服务资源的配置力，养老保障与服务资源的资源配置力受到需求者的自理状况所决定的需求力，需求者的收入状况所决定的承受力受到需求者的满足状况所决定的获得力的影响。养老保障制度体系的完善必须重视基于需求力、承受力和获得力的资源配置力。通过准确界定和把握老年人养老保障与服务的需求力，增强老年人养老保障与服务的承受力，强化养老保障制度与服务资源的配置力，提升老年人养老保障与服务的获得力。

二、满足需求力是养老保障制度与服务整合的基本方向

中国养老保障制度与服务整合的基础表现为养老保障制度与养老服务体系建设的现实基础、理论基础及宏观环境，而养老保障与服务需求的持续性增长要求必须通过制度与服务的整合以实现整个养老保障体系完善，以满足老年人养老保障的需求。

中国社会养老保障制度与社会养老服务体系的发展为养老保障制度与服务整合提供了制度与服务基础。改革开放以来，中国已经建立起比较系统的社会保障制度，这些与养老保障直接相关的社会保障制度包括城镇职工基本养老保险制度，城乡居民基本养老保险制度，城乡居民最低生活保障制度，农村五保户供养制度，城乡高龄老人津贴制度，农村计划生育户

奖励扶助制度等，目前中国正在推进社会养老保险制度整合；与此同时，中国正在逐步建立以居家养老服务为核心，以社区养老服务为依托，以机构养老服务为补充，医养相结合的系统的社会养老服务体系。虽然中国的社会养老保障制度与社会养老服务体系建设还需要进一步完善，社会养老保障制度和社会养老服务体系建设的现实为中国养老保障制度与服务整合提供了基础。①

中国共产党对社会保障制度理论和认识的发展为养老保障制度与服务整合提供了理论基础。改革开放以来，中国共产党对社会保障制度重大理论问题的认识逐步发展和深化。关于社会保障功能，经历一个从提出建立合理的个人收入分配和社会保障制度，到提出加快建设与经济发展水平相适应的社会保障体系，再到提出完善社会保障制度，保障群众基本生活，进而明确提出社会保障是保障人民生活、调节社会分配的一项基本制度；关于社会保障制度目标，提出了保障和改善民生，全面建成小康社会，满足人民对美好生活的需要等一系列符合中国国情的社会保障制度建设和发展目标；关于社会保障制度理念，提出了就业是民生之本，促进社会公平正义，共享发展等系统的社会保障制度发展理念；关于社会保障制度发展道路，强调社会保障制度的中国特色，社会保障制度的城乡统筹发展，社会保障制度的可持续发展等。中国共产党对社会保障制度重大理论问题认识的发展，构成了中国养老保障制度与服务整合的理论基础。

中国经济、政治、社会与文化的发展变化为中国养老保障制度与服务整合提供了宏观环境。养老保障制度与服务的发展受到一国特定的经济、政治、社会和文化因素的影响，养老保障制度与服务的整合与环境因素密不可分。环境因素的发展变化决定了养老保障制度与服务整合的必然性及其方向。中国养老保障制度与服务整合的经济环境主要包括经济发展、收入分配、劳动力市场与财税体制等因素的变化，其政治环境主要包括党的

① 丁建定：《中国社会保障制度体系完善研究》，人民出版 2013 年版，第 50—75 页。

执政理念、法制化建设、行政体制改革等因素的变化，其社会环境主要包括人口结构、社会结构与社会问题等因素的变化，其文化环境则主要包括养老保障制度与服务传统等因素的影响。养老保障制度与服务整合的经济环境是基础，政治环境是条件，社会环境是核心，文化环境是辅助。中国经济、政治、社会与文化环境的发展变化，必然要求养老保障制度与服务发生变化，并为养老保障制度与服务的发展变化提供必要的前提条件，中国养老保障制度与服务整合是中国经济、政治、社会与文化环境发展变化的基本要求。

人口老龄化与养老服务需求的持续性为中国养老保障制度与服务整合提出紧迫性现实需求。随着中国人口老龄化的发展，应对人口老龄化、满足老年人养老保障需求将成为常态化、持续性问题，这已经是一个不争的事实。与此事实不相称的是，中国社会在面对人口老龄化方面存在一系列的问题，主要表现在重视老年问题而未正视老年问题，消极面对老年问题而未积极应对老年问题，重视养老保障制度建设而未将养老保障制度与服务协调推进，在相关的养老服务方面以主体服务供给为导向，而非以对象服务需求为导向，等等。这些问题与不足使得中国养老保障制度与服务割裂，难以有效实现养老保障制度与服务的效果。而养老保障制度与服务的基本目标是满足养老服务对象的服务需求，养老服务对象的基本需求可以划分为收入需求与服务需求，收入需求主要依靠养老保险、医疗保险、老年津贴等相关制度，为老年人口提供的是收入保障。服务需求主要通过居家、社区、机构以及医养结合等方式实现，为老年人提供的是服务保障，并通过这种服务保障实现收入保障的最终目标，即为老年人口提供健康幸福的晚年生活。显然，只有将为老年人提供收入保障的养老保障制度与为老年人提供服务保障的养老服务体系加以整合，才能够为有效满足养老保障对象的养老需求提供制度与服务基础。

三、增强承受力是养老保障制度与服务整合的重点任务

增强老年人养老保障承受力是实现养老保障获得力的基础，承受力决定于养老收入能力，收入保障主要来源于养老保险等制度，养老保障制度与服务整合的重点必须增强养老保障的承受力。

随着经济社会的发展，我国养老保险体系的建设取得了突出的成就，但人口结构变化和经济增速放缓的社会背景暴露出现行养老保险体系的复杂问题，推动养老保险制度体系的整合与完善以确保各类社会群体和城乡国民能够公平地享有养老保险权益成为必要举措。具体地，对养老保险制度改革进行顶层设计的核心问题主要有设立全国统筹的基础养老金、提升基本养老保险的筹资有效性、建立基本养老保险待遇调整机制、构建合理的延迟退休年龄政策机制、推进基本养老保险制度的整合与衔接以及建立多层次的养老保险体系等。

推动基础养老金制度实现全国统筹是养老保障体系改革的聚焦点。在巩固当前省级统筹的基础上，全国统筹的基本思路是通过转移支付和中央调剂金制度在全国范围进行补助和调剂以逐步形成中央与省级政府责任明晰、分级负责的基金管理体制。保证养老保险基金来源的可持续性是确保养老保险制度可持续运行的重要因素。其理性策略是通过实现基金的保值增值积极稳妥地夯实制度可持续运行的物质基础，具体手段包括提升基本养老保险缴费的有效性、优化基本养老保险的财务模式以及推进养老保险基金的投资运营。构建制度性的基本养老金调整机制对于保障退休人员的生活质量意义重大。在不断提高退休人员养老权益的发展目标下，基本养老保险待遇调整机制要求尊重现收现付制养老金的调整理论，在精算原则、公平原则和程序化原则的指导下不断健全参保缴费激励约束机制。构建渐进式延迟退休年龄机制是形成和完善中国养老金制度体系的有效举

措。其政策目标不仅在于扩大经济活动人口的规模，也在于有效调节代际间的福利资源分配，为最大化参保者的养老保险权益发挥有益作用。推进基本养老保险制度的整合与衔接是社会保障制度体系完善的核心内容之一。其工作重点包括城乡居民基本医疗保险整合、机关事业单位养老金并轨以及城镇职工基本养老保险和城乡居民基本养老保险的制度衔接，改革焦点是平衡养老保险的权利和义务。多层次养老保险制度的完善对于满足老年群体多样化的养老需求发挥着重要作用。在我国养老保障三支柱体系初步建立的基础上，对企业年金、职业年金和商业保险等第二、第三支柱补充性养老保险的协同推进将从根本上推动我国养老保险多层次体系的发展。

除了基本养老保险制度之外，与老年人养老保障承受力直接相关的还有基本医疗保险制度，应进一步促进医疗资源配置公平，基本医疗保险各项待遇应由统一的机构支付，并逐步实行待遇均等化。加快推进三保合一试点，将基本医疗保险基金、医疗救助资金、工伤保险资金以及公共卫生资金整合为基本医疗保障资金，统筹使用、统一购买医疗服务。优化大病保险制度设计，由同一机构经办基本医疗保险和大病保险。实行由商业保险公司共同分担风险和共享利润模式。通过流程再造实现大病保险的一站式结算，大病保险结算金额可以先由社会医疗保险垫付，再由大病保险与社会医疗保险结算，以增强老年人健康保障与服务的承受力。①

此外，高龄老人津贴制度也是与老年人收入能力与养老保障承受能力直接相关的制度。应该尽快建立城乡协调发展的高龄老年人津贴制度，扩大老年津贴制度的覆盖人群，逐步提高这一具有公共福利性质的老年津贴的待遇水平，迫切需要建立的是农村高龄老人津贴制度，建立合理的高龄老人津贴待遇调整机制。

① 梅哲：《中国老年人收入保障体系研究》，经济管理出版社 2013 年版，第 30—65 页。

四、强化配置力是养老保障制度与服务整合的关键环节

养老保障资源包括养老保障收入与养老服务，养老服务又包括设施、人力资源与服务活动等，在关注养老保障制度与服务的需求力、重视承受力、提升获得力的目标和前提下，强化养老保障资源的配置力是实现养老保障对象需求有效满足的关键环节。

应该尽快实现从关注老年福利制度到重视养老服务体系的认识与工作重心的转变。老年福利制度与服务整合的首要目标是体系建设，即从关注老年福利制度到重视养老服务体系。以老年福利制度项目的增加和整合为基础，以老年福利制度对象的覆盖面扩展为核心，以老年福利制度提供主体的多元化为补充，完善老年社会福利制度；以养老服务不同群体的需求导向为重点，增强老年福利制度与养老服务与老年人养老需求之间的瞄准性和针对性，以政府主导基本公共服务为基础建立完善养老服务体系；以老年福利制度与服务项目构成的对应性、老年福利制度与服务覆盖人群的同一性为内容的社会福利与服务的有效衔接，有效提升老年福利与养老服务供给资源和要素的共享性。

推进老年福利制度与养老服务体系的整合与完善。通过整合老年福利制度和完善养老服务体系，推进老年福利服务与相关社会保障制度的衔接；通过推动优势老年福利与服务资源共享，均衡配置老年福利与服务供给资源，保障特殊老年人群体的福利与服务供给，使得城乡老年福利与服务体系均衡发展；探索建立长期护理保险制度。长期护理保险应依托基本医疗保险经办机构，从医疗保险基金或职工个人账户中划拨一定比例的基金，建立专项长期护理保险制度基金，不宜限制受益人年龄，但是应定位于迫切需要长期护理服务的人群，待遇水平亦不能设置过高，制度设计要充分考虑精算平衡，确保财务可持续性，制度待遇应同时提供医疗护理和

生活护理。①

分层分类配置和提供养老服务资源。养老服务资源配置需厘清主体责任。最困难人群的最迫切需求由公办养老机构通过提供基本养老服务加以满足，最广大人群的最基本需求以社区养老服务设施为依托，并通过基本养老服务与市场化养老服务相结合加以满足，不同群体的差异化需要通过社会养老设施和市场化养老服务提供来满足。按照功能整合并优化养老服务资源配置。将养老院、惠民医院、荣军院、社会福利院、残疾人阳光家园等具有同类功能的机构加以整合，促其功能综合化，满足多样化的养老服务项目需求；将养老金、医保金、五保金、老年津贴、养老服务床位补贴等资金加以整合，促其用途综合化，满足整个养老服务资金需求；将护理员、医生、社工、家人、义工、老年人自身等分散的人力资源加以整合，并通过必要培训提升其服务的专业化水平。

要特别重视规划和规范化发展老龄产业，增加养老服务有效资源。大力开发老年产品用品。针对老年人衣、食、住、行、医、文化娱乐等需要，积极开发安全高质的康复辅具、食品药品、服装服饰等老年用品和服务产品，引导商场、超市、批发市场设立老年用品专区专柜，开发老年住宅、老年公寓等老年生活设施。要特别重视优化老龄产业结构，内在优化主要包括老龄产业内部的养老产品、养老服务、养老产业链之间，居家养老、机构养老和家庭养老之间，政府、非营利组织、私人投资公司的老龄产业，不同区域之间老龄产业等方面的优化发展。外在优化主要包括老龄产业与第一产业、第二产业、第三产业之间，中央政府和地方政府的老龄产业政策等方面的优化。

① 王齐彦：《中国新时期社会福利发展研究》，人民出版社 2011 年版，第 30—70 页。

五、提升获得力是养老保障制度与服务整合的主要目标

养老保障获得力表现为老年人需求满足度与公平度。需求度表现为养老保障体系对老年人需求内容的覆盖度，公平度表现为养老保障体系对老年群体的覆盖度及其责权均衡度。

完善养老保障制度与服务的内容与方式。不仅应该完善针对老年收入需求的养老保险制度与老年津贴制度，而且要完善针对老年健康需求的基本医疗保险、长期护理保险制度，还要完善针对老年福利与服务需求的社会福利制度与服务体系，尤其是要明确居家养老服务在社会养老服务体系中的核心地位，在此基础上，根据老年人的能力状况，合理选择养老服务方式。对于那些低龄、身体健康、具有一定自理能力的老人，应提倡自力养老，并由家庭成员和社区提供必要及时的辅助服务；对于一定程度上需要依靠家庭成员提供养老服务的老年人，应由家庭成员并借助于社区养老服务提供居家养老服务；对于需要家庭成员提供必要的养老服务，而家庭成员又不可能提供全天候养老服务的老人，实施以居家养老为主、社区养老为辅的居家与社区养老相结合的养老方式；对于那些失能、半失能的老年人，则需要根据其意愿与家庭成员的养老服务能力，实施机构养老服务。

促进养老保障制度与服务对老年群体的全覆盖。尽快实现城乡居民基本养老保险制度和城乡居民基本医疗保险制度的整合与统一，推进城乡居民与城镇职工基本养老保险之间的衔接，城乡居民与城镇职工基本医疗保险制度的衔接；推进城乡居民最低生活保障制度的统一；推进城乡统一的老年长期护理保险制度的建立；老年津贴制度覆盖全体城乡老年人；加强农村养老服务设施、项目、方式建设；关注留守老人养老保障制度与服务。要强化对农村居家养老服务的支持性政策，开展乡镇公办敬老院适度

接收非“五保”供养对象的农村特困老人的试点工作，尽快建立对农村特困老人居家养老服务的补偿机制，加快农村社区多功能养老服务中心和自然村养老服务站建设，为农村老人提供便利及时的居家养老服务。

增强养老保障制度与服务中的责权均衡度。建立针对不同收入状况和不同养老服务类型的养老服务费用支付机制。农村“五保”供养老人、城镇“三无”老人和重度残疾人的全部养老服务应该实施无偿提供；收入来源不能够承担全部养老服务负担的老年人，应实施无偿提供基本养老服务，低偿提供其他养老服务；收入较好老年人的基本养老服务可实施低偿或者无偿提供，其他养老服务则应实施有偿提供。应加快长期护理保险制度与养老服务补贴制度试点，在城镇职工基本养老保险制度的参加者中试点建立长期护理保险制度，在领取城乡居民基本养老保险者中，按照规定年龄或者根据失能情况由政府提供养老服务补贴；建立科学合理的延迟退休年龄政策机制。厘清和落实各级政府部门在养老保障中的责任范围，中央政府和地方政府在财政支持、政策支持等方面的责任要清晰，各政府部门的责任范围要具体更要兼容和能够落地。①

六、研究的基本结论

中国现行养老保障制度与服务存在严重割裂，这是养老保障制度与服务整合的现实背景，养老保障制度与服务整合既是现代社会养老内涵的要求，也是养老保障制度与服务关系的要求，还是供给与需求关系的要求。与养老保障制度与服务整合以及养老保障实施效果直接相关的要素包括四个方面：这就是老年人自理能力所决定的需求力、收入能力所决定的承受

① 郑功成:《中国社会保障发展报告 · 2017》，人民出版社 2017 年版，第 25—45 页。

力、满足状况所决定的获得力以及养老保障制度与服务资源的配置力。

满足需求力是养老保障制度与服务整合的基本方向。中国社会养老保障制度与社会养老服务体系的发展为养老保障制度与服务整合提供了制度与服务基础，中国共产党对社会保障制度理论和认识的发展为养老保障制度与服务整合提供了理论基础，中国经济、政治、社会与文化的发展变化为中国养老保障制度与服务整合提供了宏观环境，人口老龄化与养老服务需求的持续性为中国养老保障制度与服务整合提供需求基础。只有将为老年人提供收入保障的养老保障制度与为老年人提供服务保障的养老服务体系加以整合，才能够为有效满足养老保障对象的养老需求提供制度与服务基础。

增强承受力是养老保障制度与服务整合的重点任务。增强老年人养老保障承受力是实现养老保障获得力的基础，收入保障主要来源于养老保险等制度，养老保障制度与服务整合的重点必须增强养老保障的承受力。应设立全国统筹的基础养老金，提升基本养老保险的筹资有效性，建立基本养老保险待遇调整机制，构建合理的延迟退休年龄政策机制，推进基本养老保险制度的整合与衔接以及建立多层次的养老保险体系；除基本养老保险制度之外，应进一步促进医疗资源配置公平，基本医疗保险各项待遇应由统一的机构支付，并逐步实行待遇均等化。同时，推进高龄老人津贴的城乡全覆盖，以增强老年人健康保障与服务的承受力。

强化配置力是养老保障制度与服务整合的关键环节。养老保障资源包括养老保障收入与养老服务，养老服务又包括设施、人力资源与服务活动等，在关注养老保障制度与服务的需求力、重视承受力、提升获得力的目标和前提下，强化养老保障资源的配置力是实现养老服务对象需求有效满足的关键环节。应该尽快实现从关注老年福利制度到重视养老服务体系的认识与工作重心的转变，推进老年福利制度与养老服务体系的整合与完善，分层分类配置和提供养老服务资源，按照功能整合并优化养老服务资源配置，特别重视规划和规范化发展老龄产业，增加养老服务有效资源。

提升获得力是养老保障制度与服务整合的主要目标。养老保障获得力表现为老年人需求满足度与公平度。需求度表现为养老保障体系对老年人需求内容的覆盖度，公平度表现为养老保障体系对老年群体的覆盖度及其责权均衡度。要进一步完善养老保障制度与服务的内容与方式，促进养老保障制度与服务对老年群体的全覆盖，增强养老保障制度与服务中的责权均衡度。

第二篇

应对人口老龄化，加快发展养老服务业

未富先老的挑战与应对*

蔡　昉
（中国社会科学院副院长）

中国的人口年龄结构变化，不仅反映在收入水平不断提高的过程中人口也同时老龄化这个一般规律，而且表现出人口老龄化的速度快于收入水平提高速度的特殊性。在过去的30余年中，中国在经济增长和人均收入提高方面创造了一个世界奇迹。但是，中国的人口转变更是以人类历史上罕见的步伐推进。人口转变与人均收入提高之间的这种缺口，可以被表述为“未富先老”。

一、早熟的人口老龄化

长期以来，中国规模庞大和增长过快的人口，始终是一个世界性的关注问题。根据2010年进行的人口普查数据，2010年中国总人口为13.4亿，而且不再有人预测中国人口峰值会超过15亿。人口平均预期寿命也

* 本文根据作者在2015年（首届）中国养老服务业发展高层论坛上的发言摘要，由相关文章整合而成。第一至第四部分，原文标题为：未富先老与经济增长可持续性，发表于《国际经济评论》2012年第1期，有删节；第五部分，原文标题为：《开发老年人口红利大有可为》，发表于《经济日报》2018年10月18日第014版理论周刊。

从 1981 年的 67.8 岁提高到 2010 年的 73.5 岁。与此同时，人口老龄化程度也迅速提高，2010 年，65 岁及以上人口占总人口的比重达到 8.87%。如果按照惯例，即把 65 岁及以上人口比重超过 7%的人口结构称作老龄化，则中国已经于 20 世纪 80 年代中期就进入老龄化社会了。

从联合国 2010 年的估计和预测看，中国的老龄化程度甚至更高。根据联合国的数据，2010 年中国 65 岁及以上人口占总人口的比重为 9.4%，2020 年将提高到 13.6%，2030 年为 18.7%，2040 年为 26.8%，2050 年则高达 30.8%。在进行国际比较的情况下，可以看到，从 20 世纪 70 年代起，随着生育率开始大幅度下降，少年儿童人口比重也迅速降低，中国的老龄化速度就开始快于其他发展中国家的平均水平，老龄化程度也一直高于其他发展中国家平均水平。下一步，随着 2015 年前后中国劳动年龄人口停止增长，老龄化进程将进一步加快，并赶超发达国家的平均水平。

无论按照哪种排位标准，中国都是一个发展中国家。例如，按照世界银行的分类，中国目前属于中等偏上收入国家，是典型的发展中国家。因此，与其他发展中国家相比明显高出很多的老龄化程度，意味着中国人口转变的某种特殊性，可以称其为“未富先老”。

尽管发达国家都面临着人口老龄化对经济增长和养老保险制度的挑战，各国在应对老龄化问题上也存在差异，但是，总体来说，这些国家由于人均收入已经处在较高的水平上，技术创新也处于前沿水平上，社会福利制度比较成熟和完整。因此，主要依靠生产率提高驱动的经济增长仍然是可持续的，迄今也足以应对老龄化危机。中国应对劳动年龄人口减少、老龄化水平提高的挑战，关键在于保持高速增长势头。

换句话说，由于人口转变过程是不可逆转的，即便在生育政策调整的情形下，老龄化趋势仍将继续，已经形成的“未富先老”缺口，主要应该依靠持续的经济增长来予以缩小，并最终得到消除。

二、第二次人口红利

既然中国人口转变结果的特殊性被概括为“未富先老”，也就意味着与其他国家相比，中国在应对老龄化上面，面临着更多的、更大的、不同寻常的挑战。这类挑战可以分别从人口红利的过早消失、第二次人口红利开发面临的困难，以及养老资源不足等几个方面进行考察。先来看未富先老与人口红利消失的关系。

人口抚养比可以作为人口红利的代理变量。实际上，人口老龄化也可以用人口抚养比来反映。把中国的人口抚养比变化动态，与日本、韩国和印度做一比较恰好可以从另一个侧面展示中国未富先老特征。

先来与作为先行国家的日本和韩国进行比较。日本的人口抚养比是在1970年降到最低点的，但是这个低抚养比持续了20余年，直到20世纪90年代才迅速提高。相比而言，日本的人口转变不仅大大早于中国，而且在人口红利消失时，其经济发展水平更是大大高于中国。值得注意的是，日本是一个典型的在人口红利消失之后，经济增长陷入停滞的例子。不过，日本的经济停滞是在成为世界上最富裕国家之一以后才发生的，没有形成中国这样的未富先老的情形。作为高收入国家，韩国人口抚养比的下降开始得早，下降过程的持续时间长，并且在低点上保持较长时间，预计在与中国相同的时间点即2015年开始，转而迅速提高。

进一步，与经济发展水平低于中国的印度进行比较。印度人口抚养比下降的速度相对缓慢，预计在2040年前后才从下降趋势转而上升。在此之前，印度将长期处于人口红利期，比中国的人口红利期长大约25年。因此，在中国人口红利消失从而劳动密集型产业比较优势消失的情况下，印度是潜在的比较优势接续国家。实际上，印度不是唯一的类似国家。亚洲的越南和世界范围内的许多发展中国家，例如高盛集团所谓的“新钻

11 国”[①]，都在相关产业上与中国具有一定的竞争关系。

如果遵循以往关于人口红利的定义，即劳动年龄人口持续增长、比重不断提高从而保证劳动力充分供给和高储蓄率，人口抚养比预计在2015年停止下降进而提高，则意味着人口红利的消失。

但是，也有文献指出，在人口结构趋于老龄化的情况下，个人和家庭的未雨绸缪可以产生一个新的储蓄动机，形成一个新的储蓄来源，其在国内、国际金融市场上的投资还可以获得收益。这被称为区别于前述意义上人口红利的“第二次人口红利”。不过，如果仅仅从老龄化时期储蓄动机角度来观察，尚不能构成在推动经济增长的作用程度上，堪与第一次人口红利相提并论的第二次人口红利。

在理解人口老龄化原因时，人们通常着眼于观察人口转变从最初的少年儿童人口减少阶段，进入相继而来的劳动年龄人口减少的阶段，从而老年人口占全部人口比重提高这样一个事实，但是，往往忽略由于寿命延长带来的人口预期寿命提高在其中所起的作用。

我们设想，即使人口年龄结构不发生在少儿年龄组、劳动年龄组和老年组之间的消长，如果老年人活得更长，按照定义的老年人在全部人口中比重这个指标来观察的老龄化程度也会提高。在健康寿命延长的条件下，老年人不啻宝贵的人力资源，既作为数量意义上的劳动力，也承载着丰富的人力资本，因此，第二次人口红利也只有从劳动力供给和人力资本积累的角度来观察，才具有显著的意义。

值得强调的是，人口红利的利用是有条件的，特别是需要一系列制度条件。已有的众多文献表明，对于发展中国家来说，实现赶超发达国家的关键在于以比之后者更快的速度实现增长，从而形成一个趋同的结果。而这个趋同是条件趋同，即只有满足一系列物质的和制度的条件，发展中国家诸种潜在的因素才能成为现实的经济增长源泉，从而实现更快的经济

① 所谓“新钻11国”，同样是由推出“金砖四国”概念的高盛提出，包括巴基斯坦、埃及、印度尼西亚、伊朗、韩国、菲律宾、墨西哥、孟加拉国、尼日利亚、土耳其、越南。

增长。

中国人口抚养比下降开始于20世纪60年代中期，但只有改革开放才创造了利用第一次人口红利的条件。而按照定义来看，第二次人口红利的条件要求更高，涉及教育制度、就业制度、户籍制度和养老保障制度的改革，以及资本市场的发育。

其实，人口红利这个概念，归根结底是经济学家在研究活动中人为制造出来的，无非是赋予经济增长一个人口学的视角。而且，从经济学意义上看，这只是一个局部性的视角。例如，当经济学家尝试把人口红利作为经济增长的一个解释变量时（如以人口抚养比作为代理），事实上资本投入、劳动投入、人力资本积累以及全要素生产率等其他变量，也都与人口因素不无相关。换句话说，第一次人口红利只是起到了一种允许经济增长在一定时期内较多地依靠生产要素投入的作用。

至于第二次人口红利，除了同样会产生有利于生产要素投入的数量扩张效果，如对于保持经济增长所必要的储蓄率和劳动力供给的效果之外，更重要的意义在于更具有可持续性的经济增长源泉的开发，即通过人力资本积累、技术进步和体制改革，实现在后人口红利发展阶段上的全要素生产率的改进。

对于不同的国家来说，第一次人口红利来得有早有晚，因而去得也有先有后，在许多发达国家的早期发展中甚至看不到明显的人口红利效应。因此，虽然中国的确享受了人口红利对经济增长的贡献，实际上却并不存在相对于其他国家而言随着人口老龄化的到来有特别的人口负债这个问题。只是在第一次人口红利消失与第二次人口红利的获得之间，需要避免出现一个人口红利的真空时期。而未富先老的特点，的确在两次人口红利的良好衔接上，给中国带来特殊的困难。

如果通过在创造第二次人口红利条件的同时延长第一次人口红利，做到这一点，中国就可以避免人口老龄化对经济增长的负面影响，保持经济增长的可持续性。

三、如何增加未来的劳动力供给

把身体健康长寿的因素与人力资本积累（包括教育、培训和干中学）因素结合起来考虑，有效工作年龄理应伴随预期寿命的提高而延长。如果能够做到这一点，就意味着可以通过把实际退休年龄向后延，从而扩大劳动年龄人口规模，降低每个劳动年龄人口供养的退休人数。

以中国 2030 年的情况为例，如果延长实际退休年龄，可以把每百名 20 岁以上的工作年龄人口需要供养的老年人口，从 55 岁退休情形下的 74.5 人降低到 60 岁退休情形下的 49.1 人，进而 65 岁退休情形下的 30.4 人。

值得指出的是，法定退休年龄与实际退休年龄是不一样的，即在法定退休年龄既定的情况下，实际退休年龄可能因劳动力市场状况而产生巨大的偏离。例如，虽然法定的退休年龄大多数采取男 60 岁、女 55 岁，但是在就业压力比较大，特别是受到劳动力市场冲击的情况下，劳动者的实际退休年龄经常会大大低于法定退休年龄。

可见，真正能够改变人口工作时间从而影响对老年人供养能力的，是实际退休年龄，而与法定退休年龄无关。如果单纯改变法定退休年龄而劳动力市场却无法充分吸纳这些人口，则意味着剥夺了他们在就业与退休之间的选择，使他们陷入严重的脆弱地位。虽然在许多发达国家，提高法定退休年龄成为应对老龄化及其带来的养老基金不足而广泛采用的手段，但是，由于与发达国家在两个重要条件上相比，中国的情况有显著的不同，使得这个做法不应成为近期的选择。

首先，劳动者的不同群体在退休后的预期寿命不同。预期寿命是反映人口健康状况的综合性指标，在总体水平上受到经济和社会发展水平的影响，在个体上与不同人口群体的收入、医疗乃至教育水平密切相关，因此，在同样的退休年龄下，不同群体退休后的余寿是不同的，从而导致能够享受养老金的时间长短各异。

例如，即使在美国这样一个整体收入水平和医疗水平都较高的国家，1997 年 67 岁年龄组人口在 65 岁上的余寿，在全部人口达到 17.7 岁的同时，女性高达 19.2 岁，而低收入组的男性仅为 11.3 岁。中国预期寿命的差异应该更加显著，从地区差距来看，2000 年上海为 79.0 岁，而贵州仅为 65.5 岁。虽然我们没有分人群各年龄组的预期寿命数字，由于中国有比美国更大的收入差距，并且社会保障覆盖率低，基本公共服务具有某种程度的累退性，我们可以合理地推断，退休人口的预期余寿差异会更大。

其次，以人力资本为主要基准来衡量的劳动力总体特征不同。中国目前临近退休的劳动力群体是过渡和转轨的一代。由于历史的原因，他们的人力资本禀赋使得他们在劳动力市场上处于不利竞争地位。延缓退休年龄以增加劳动力供给的可行前提，是老年劳动者的教育程度与年轻劳动者没有显著差别，加上前者的工作经验，因而在劳动力市场是具有竞争力的。这种情况在发达国家通常是事实，如在美国的劳动年龄人口中，20 岁的受教育年限是 12.6 年，而 60 岁反而更高，为 13.7 年。目前，在中国劳动年龄人口中，年龄越大受教育水平越低。例如，根据 2009 年的资料，受教育年限从 20 岁的 9 年下降到 60 岁的 6 年，而与美国的差距则从 20 岁比美国低 29%，扩大到 60 岁时比美国低 56%。

在上述情况下，一旦延长退休年龄，高年龄组的劳动者会陷入不利的竞争地位。在西方国家，由于劳动力市场需要一个追加的劳动力供给，延长法定退休年龄可以为劳动者提供更强的工作激励，而对中国来说，类似的政策却意味着缩小劳动者的选择空间，甚至很可能导致部分年龄偏大的劳动者陷于脆弱境地：丧失工作却又一时拿不到退休金。

在中国刘易斯转折点到来的情况下，劳动力短缺现象不断发生，就业总量压力也明显减缓，但是，劳动力供求中结构性矛盾反而更加突出，与劳动者技能和适应能力相关的结构性失业及摩擦性失业愈益凸显。这表明，目前劳动力市场上对高年龄组劳动者的需求，并没有随着刘易斯转折点的到来而增大。①

根据2005年1%人口抽样调查数据计算，城乡劳动年龄人口的劳动参与率从45岁就开始下降。例如，城镇的劳动参与率从35—44岁的85.9%降低到45—54岁的69.3%，进而下降到55岁及以上的23.1%。对于那些年龄偏大的劳动者来说，劳动参与率的降低显然是在劳动力市场上竞争力缺乏的结果，即“沮丧的工人效应”的表现。

可见，扩大劳动力总体规模和降低社会对老年人的供养负担，恐怕不应该在当前的临近退休年龄人口身上做文章，而是需要创造条件，把当前的这一代年轻人逐渐培养成为拥有更充足人力资本的劳动者，使得他们不仅适应产业结构变化的要求，而且能够在未来具备能力延长工作时间。

四、中国养老模式的困境

人口老龄化给经济增长可持续性带来的一个重大挑战，就是在人口抚养比下降时期形成的高储蓄率有可能不再继续。

按照第一次人口红利的定义，劳动年龄人口规模越大、占全部人口比重越高、增长速度越快，则潜在的储蓄能力越强，在其他条件不变的情况下，则会产生高储蓄率。1997—2009年，在人口抚养比持续降低的同时，中国的储蓄率即资本形成额与GDP的比率迅速提高。虽然高储蓄率有其他方面的原因，如国民收入在个人、企业和国家之间分配，过于向企业和国家倾斜等，但是，人口因素终究创造了一个可以使储蓄率得以维持高位的客观基础。

然而，如果按照这个逻辑推演下去，当劳动年龄人口增长率减缓乃至

① 编注：所谓刘易斯转折点是指这样一种情况：在二元经济结构中，在剩余劳动力消失之前，社会可以源源不断地供给工业化所需要的劳动力。

绝对数量下降，老龄化程度进入一个更高阶段的时候，则会出现储蓄率下降的情形。正如所预测的那样，人口抚养比从2015年开始不再下降，继而迅速上升，老龄化程度显著提高，这个有利于储蓄的人口条件就会失去。因此，虽然目前学术界和政策界都在担心储蓄率过高的问题，但是，在不久的将来，问题就变为在老龄化社会如何保持经济持续增长所需要的储蓄水平。

在人口老龄化的条件下，人们生产、消费和储蓄行为逐渐建立在一个崭新的预期之上，为养老做准备的未雨绸缪心理，会诱导出新的储蓄动机。不过，这种动机并不会自然而然地形成，而要看制度安排是怎样的。

例如，家庭养老模式，因其对资源的代际转移的依赖，就不会产生激励储蓄的效应。同样，公共养老计划中的现收现付模式也不会产生激励储蓄的效应。只有具有积累性质的养老保险制度才会产生高储蓄动机，而只有养老基金进入资本市场，这种积累才能够现实地转化为资本形成的源泉。然而，这些条件大多是在比较成熟的市场经济国家，经过长期的制度建设和探索才有可能具备的，对于未富先老的中国来说，迄今为止尚不具备这些条件，面前仍有很长的路要走。

首先，中国的养老模式在相当大的程度上仍然是以依靠家庭为主的。作为未富先老特点的一种表现，中国社会养老体系尚不健全，参与率和覆盖率低，在老年人主要的养老来源，即劳动收入、家庭成员供养、离退休金或者养老金三种来源中，家庭成员供养的比例很高，2009年人口变动抽样调查资料显示为34.4%，其中男性为22.2%，女性为46.4%。

从社会养老保险制度覆盖率看，城镇不就业和非正规就业者、农民工和农村居民是最为薄弱的群体。而从老龄化程度来看，农村要明显地严重于城市，女性老年人则多于男性老年人。因此，从城市到镇到村，退休金与养老金供养的人口依次减少，而靠自己劳动或者家庭成员供养的老年人口比重相应提高。并且，女性老年人靠家庭成员供养的比例要高于男性。

其次，中国的基本养老保险制度仍然是现收现付性质的。自中国接受基本养老保险社会统筹与个人账户相结合的双支柱模式之后，两个账户长期实行混账管理，在存在大规模历史欠账的情况下，个人账户被作为统筹基金支出，形成空账运行。直到2001年，从辽宁省进行做实个人账户改革开始，才产生一定程度的基本养老保险基金的积累额，即累积起来的每年收支余额。进一步，这一改革扩大到黑龙江和吉林两省，进而又有一些省区市参加到试点的行列。

虽然伴随着试点省份的增加，基本养老保险基金的收支余额或个人账户积累有所扩大，但是，由于缴费率的逐渐降低以及大量省份尚未启动这一改革，总的积累水平十分有限。直到2009年，累计的收支余额达到12526亿元，以10余万亿元个人账户记账额来看，做实的仍然只是较小的部分。

中国养老保险制度这种现收现付性质，不仅不能形成新的储蓄动机和来源，阻碍第二次人口红利的产生，而且会造成未来的养老危机。现收现付制是建立在劳动年龄人口规模大、比重高，并且人口抚养比低的基础之上的，如果上述条件发生变化，则要求有更高的劳动生产率来支撑，否则这个制度就是不可持续的。

一般认为，由于预期寿命提高和生育率下降，供养人口与依赖人口的比例发生变化，现收现付制度不可避免地面临下列三种调整，或者三者之间的某种组合，以求解决养老保险资金不足的问题：(1) 提高税收或强制缴费水平；(2) 降低养老金给付水平；(3) 提高领取养老金的年龄要求。

相应地，如果大幅度提高社会养老保险的覆盖率，并且把养老保险制度从现收现付模式转到积累型模式上，就可以具备必要的制度条件，解决与储蓄率相关的未来经济增长可持续性问题。不仅如此，及早扩大个人账户积累也有利于缓解养老负担问题。一项模拟研究表明，如果把现行的现收现付养老保障制度改变为完全积累的个人账户制度，就意味着到若干年以后，有相当一批退休人员可以不依靠或不完全依靠现收现付制度来养老，从而可以大幅度降低社会养老负担率。

最后，中国的资本市场仍不发达、不成熟。虽然资本市场发展速度很快，但是，中国融资模式迄今为止仍然是以间接融资为主的。例如，我们可以通过比较中国和美国金融资产类型的相对比重认识这一点。截至2008 年 6 月底，银行储蓄占 GDP 的比重，中国为 166%，美国为 65%；股票市场市值占 GDP 的比重，中国为 66%，美国为 135%；公司债占 GDP 的比重，中国为 50%，美国为 216%。中国养老基金和人寿保险公司拥有的股票仅为 3%，而美国这个比例为 30%。一个更加综合的评估是在《全球竞争力报告（2010—2011)》中，中国在竞争力指数中“金融市场成熟度”子项的世界排名仅仅为第 57 位。

五、开发老龄人口红利

当前，我国人口老龄化正处在加速发展时期。根据联合国对 2015 年至 2050 年期间的最新人口预测，其间人口老龄化率（60 岁及以上人口比重）的年均提高幅度，世界平均为 1.59%，发达国家平均为 0.93%，不包括中国的发展中国家平均为 1.99%，中国为 2.39%。这样，到 2050 年中国的人口老龄化率将高达 35.1%，超过发达国家的平均水平，更远远超过不包括中国的发展中国家 16.4%的平均水平以及 21.3%的世界平均水平。根据有关国家生育率难以逆转的经验，一个基本判断是，即便将来因生育政策进一步放宽，生育率在一定时间内出现一定幅度的变化，也不会改变我国人口老龄化的趋势。

从过去几十年我国人口结构特征与经济增长之间的关系可见，人口老龄化意味着传统意义上人口红利的消失，对我国长期经济增长构成巨大的挑战。然而，如果政策应对恰当、改革措施到位，也仍然可以从变化了的人口年龄结构中挖掘人口红利的潜力，我们可以称之为老龄人口红利。

（一）从经济学角度准确理解人口红利

以前人们理解的人口红利含义过于狭窄，仅仅看到劳动力供给这一个角度。这种理解不利于正确认识人口转变对长期经济增长的影响，从而导致错判人口转变的形势，低估人口红利的作用，延误政策调整的时机。既然我们讲的是人口因素对经济增长的影响，所以需要从经济学角度来理解。

根据我们进行的多次计量经济学估算，人口红利是指因劳动年龄人口数量大、增长快及人口抚养比下降带来以下有利于经济增长的效果：劳动力数量供给充足；劳动力质量（人力资本）加快改善；低人口抚养比有利于高储蓄率和资本积累；劳动力充分供给有助于延缓资本报酬递减现象，保障投资高回报率；转移剩余劳动力带来资源重新配置效率，提高全要素生产率。因此，劳动年龄人口进入负增长以及人口抚养比相应提高，便不是简单的数量意义上的变化，而是一种转折性变化，并且不仅对劳动力供给产生不利影响，而且从上述列举的各种变量方面对经济增长速度产生负面影响。这就是为什么 2012 年后我国 GDP 增长率逐年下降，也印证了中央关于“经济发展进入新常态”的判断。

以上是从供给侧看人口红利如何表现为经济增长动能。我们还可以从需求侧看一个有利的人口结构如何有助于拉动经济增长。在具有明显人口红利的条件下，人口结构年轻有利于居民消费需求增长；劳动力丰富使制造业产品具有比较优势，通过参与国际分工扩大并保持外部需求；储蓄率和投资率高有利于保持投资的规模和速度；大规模劳动力流动推动常住人口城镇化率提高。可见，人口红利的消失也意味着这些需求拉动作用的显著弱化。

（二）从供给侧看老年人口对经济增长的贡献

老龄化既是人口年龄结构变化的结果，也是预期寿命以及健康寿命延长的结果。因此，老年人力资源，包括作为劳动力及其拥有的人力资本存量，都是宝贵的生产要素，应该得到挖掘从而使其继续对经济增长做贡献。目前，经济发展与合作组织国家普遍提高了退休年龄，大体上平均正常退休年龄为 65 岁。设想如果把我国退休年龄从 60 岁提高到 65 岁，涉及的劳动年龄人口扩大规模可达 8000 余万，增加幅度为 9.1%。目前，从一个时点截面上看，我国劳动年龄人口的劳动参与率从 45 岁就开始显著下降，且实际退休年龄远低于 60 岁，所以可供挖掘的潜力更大。如果老年人口中一部分成为有效劳动力，我国整体劳动参与率会相应提高，将会从劳动力数量、人力资本、储蓄率、资本回报率、资源重新配置效率等方面产生有利于经济增长的效果。这样做在实践上的难点在于我国劳动年龄人口的受教育水平分布特征。总体上，把我国劳动年龄人口按年龄排列来看，人均受教育年限从 24 岁开始，随着年龄的提高而明显降低，一旦年龄超过 45 岁，其受教育年限就已经低于九年制义务教育水平，到 60 岁左右时则更接近于小学毕业水平（六年）。这些年龄偏大的人群具有的认知能力和技能，通常难以适应产业结构升级换代的要求，因而容易遭遇结构性就业困难或受到劳动力市场冲击。这也是为什么职工普遍对延迟退休的政策抱有疑惑的原因。

但是，根据我国人口老龄化的趋势和其他国家的经验，通过延迟退休来增加劳动力供给这条路非走不可。政策上应该做相应调整。首先，要推进终身学习体系建设，加强职工技能培训，把培训资源向年龄偏大的劳动者群体倾斜，针对特殊需求提高这个群体的人力资本，从而提高其劳动力市场竞争能力。其次，要结合推进养老保障制度改革，设计出一个激励机制，鼓励年龄偏大的劳动年龄人口提高劳动参与率。最后，渐进式延迟退休政策的操作目标，应该是提高劳动参与率而不是减少养老金发放；实施手段应着眼于提高实际退休年龄而不是调整法定退休年龄。

（三）从需求侧看老年人口对经济增长的贡献

老年人也应该是一个重要的消费群体，可以起到拉动国内消费需求的作用。在经济全球化逆流涌动、中美贸易摩擦升级以及我国制造业比较优势下降等因素作用下，净出口作为外需将趋于疲软；随着基础设施条件的改善，从长期看，投资需求将进入一个常规增长的周期。因此，最终消费需求将成为拉动经济增长的主要支柱，其中老年人的消费需求应得到进一步挖掘，使之发挥更大作用。

国际研究发现，临近退休和已经退休的群体，其消费力趋于减弱。在发达国家，这个现象与人们随年龄增长收入和财富得到积累的情况相悖，所以被称为“退休消费之谜”。从我国人口的年龄与消费关系看，也有消费力随着年龄提高而减弱的趋势，却算不上是一个“谜”，因为消费水平变化与收入水平变化的轨迹是相一致的。从横截面数据看，我国人口的收入水平随年龄增长呈现出一个倒 U 字形曲线，即劳动收入从接近 20 岁才开始有，随后迅速提高并于 25 岁至 45 岁期间达到并稳定在高水平上，以后则逐渐下降，到 60 岁以后便消失。相应地，消费水平也在 30 岁至 40 岁之间形成峰值，随后便缓慢降低。所以，释放老年人的消费能量，突破口在于稳定他们的劳动收入、增加他们的财产性收入以及提高社会保障水平。

首先，要把就业优先战略和更加积极的就业政策做得更细更实。特别要聚焦于保障年龄偏大劳动者的就业稳定，通过培训提高这个群体的就业技能从而提升其劳动力市场竞争力，尽可能提高劳动参与率。只有通过稳定就业保持他们的收入不会随着年龄增长而降低，并使其积累起必要的财产，才能确实稳定和扩大这个群体的消费能力。

其次，要完善基本社会养老保障制度，筑牢退休群体消费的经济基础，消除老年人消费的后顾之忧。为了根本解决养老保障全覆盖的问题，应该增强养老保障的普惠性质，保证使每个人达到一定年龄后都能够有一个最基本的保障。在此基础上增强养老保险的积累性质，辅之以能够保值增值的基金运营机制，如以个人账户或企业年金等多种形式作为补充养老。

再次，建议进一步推进生育政策的调整，尽早尽快实现自主生育；配合生育政策调整，加强有针对性的基本公共服务供给，解除年轻夫妇的后顾之忧；继续促进劳动力市场发育和完善劳动力市场制度，提高年轻家庭的生育意愿和养育子女的能力，提高总和生育率，实现人口长期均衡发展。同时，这类政策还有助于减轻老年人的跨代负担，不必为补贴子女甚至孙子辈而过度储蓄。

最后，在培育更加成熟的消费细分市场的过程中，要关注老年人群体的消费需求，研究其重要且具有独特性的消费特点。我们的调查数据显示，老年家庭与年轻家庭相比，前者在与工作相关消费和教育消费大幅度减少的同时，食品消费增加 21.4%，医疗保健消费更是大幅度增加，提高幅度高达 213%。政府应制定相应的政策，促进与老年人消费相关的产业发展，培育新的消费增长点。此外，还要防止商业模式中不利于老年人的数字化鸿沟，针对老年人的消费习惯，提高其消费便利性。

老龄化的严峻挑战与科学应对之建议*

郑功成

（中国社会保障学会会长、中国人民大学教授）

古往今来，人口都是国情的重要构成部分，调整人口结构和应对人口问题更是属于国家战略层面的重大问题。30 多年前，基于当时的人口国情与国家发展需要，我国将以独生子女为主要追求目标的计划生育政策确定为基本国策。30 多年过去了，情况发生了深刻变化，最主要的特征就是进入了不可逆转的快速老龄化时代。我国堪称世界上人口老龄化速度最快、规模最大、挑战最严峻的国家，而“未富先老”“未备先老”和“少子高龄化”构成了当前的宏观背景。

为了解老龄化的进程与相关制度的实施，中国社会保障学会组织大调研组开展专门调研。其核心成员分赴京、浙、苏、鄂、渝、湘、赣、陕、黑、鲁、黔、粤等 10 多个省市深入调查，先后召开了东亚国家老龄化与养老保障等两次国际研讨会和多次国内研讨会、座谈会。调研形成的一个基本共识，就是人口快速老龄化带来的挑战日益严峻，特别需要党和政府给予更高程度的重视，并理性地采取更有效的综合应对行动，以便将老龄化转化为促进国家健康持续发展的长期有利因素。

* 在 2015 年 10 月 21 日（首届）中国养老服务业发展高层论坛开幕式上的发言，有删节。

一、人口老龄化带来的严峻挑战

我国从2000年进入老龄化社会，2014年底60岁以上老年人口达2.12亿人，占总人口的15.5%；65岁及以上人口1.38亿人，占总人口的10.1%；失能、半失能老年人达3750多万，占总人口的2.8%。预计从现在到2035年，全国老年人口年均增长约1000万，总量将达4亿人左右，其中80岁以上的高龄人口年均增长100万以上。如此快速的老龄化，迅速壮大的老年人口规模，正在对民生保障、经济发展、社会治理、文化乃至政治生态等方面产生全面、深刻而持久的影响。

（一）对民生保障的挑战。调查发现，养老问题已经成为牵涉面最广且公众反映日益强烈的重大民生问题，而我国事实上还未做好充分的准备。一方面，养老金虽已实现制度全覆盖，但责任分担失衡、互助共济弱化、多元并举格局并未形成，其不确定性损害了人们的安全预期。另一方面，养老服务业虽在发展，但供给总量依然严重不足，供需脱节现象普遍，正面临着“谁来为中国老人养老”的质疑。此外，能够满足老年人精神保障诉求的社会机制缺失，对老年人的人文关怀与精神慰藉还未真正纳入制度安排。面对数亿老年人持续高涨的民生诉求和钱从何来、谁来服务的疑虑，如果不能尽快完善社会保障制度及相关服务，必定导致老年人群体生活质量下降，造成整个社会民心不安。因此，老龄化对民生保障的挑战具有严峻性。

（二）对经济发展的挑战。在主要依靠投资与外贸拉动经济增长的时代逐渐成为历史的条件下，国内消费正在成为支撑我国经济增长的主要动力源，而老年人口从现在的2亿人增长到2035年的4亿左右，必定成为消费生力军。作为改革开放的受益群体，这些老年人普遍拥有自己的房产、养老金及一定的资产积累，既具有对生活照料、失能护理、健康服务、文化与旅游消费及老年用品等日益旺盛的需求，也具有不断提升的消费能力。但我国现阶段与老年人相关的产业并未得到有效开发，养老、健康、文化服务等发展乏力，老年群体的消费需求得不到满足，这极大地抑制了社会消费的增长，导致了股市、楼市、金市等的异化以及非正常投资行为的出现。如果不能适应快速老龄化带来消费群体结构与需求结构的重大变化，及时调整经济发展目标与产业结构并确保涉老产业得到快速增长，数以亿计的老年人作为可以持续支撑经济长期发展的巨大动力源将被无形消减，与之相关的就业增长空间亦会被消减，经济增长下行压力将更加巨大。

（三）对社会治理的挑战。家庭结构小型化与少子高龄化，代际关系由紧变松，是调查中发现的普遍社会现象。从“法轮功”一度流行到目前遍布城镇的广场舞、麻将馆，从发生在老年人中的各种上当受骗事件到各地家庭矛盾、代际关系冲突加剧的诸多案例，以及一些老年人的无所事事，都表明老年人口的迅速增长及其组织化的骤然消减，带给社会治理的挑战是多方面的。而在现实中，基层政权乏力，社区组织不发达，我国还未建立相应的社会机制来促使老年人群体通过新的途径与方式重新融入社会和有序参与社会。如果任数亿老年人处于无序状态，必定给国家治理带来不确定性。

（四）对时代文化与政治生态的挑战。从现在的 2 亿多老年人到 2035 年时的 4 亿左右老年人，主要是 20 世纪 40—60 年代生人，他们是维护传统文化与现行政治制度的基本力量，但也不可避免地存在着各种冲突。调查发现，当前代际之间与老年人群体内部，已经存在着传统观念与现代文明的冲突、既有等级差序与追求社会公平的冲突，不同的利益诉求与公平意识、维权意识在高涨，价值取向多元化已是不争的事实，这些必定对时代文化产生深刻影响，并要求国家在政治上做出回应。如果忽视这种挑战，一个数以亿计的群体所释放出来的巨大能量将是一柄双刃剑。综上，在快速老龄化背景下，留给我们应对老龄化的时间已经十分紧迫，而

“十三五”无疑是最关键的时期。因为家家有老人，人人都会老；老人安，则天下可安；老人不安，民心难安，国家发展也可能陷入不利状态。

二、科学应对老龄化的政策建议

2000年我国刚跨入老龄化门槛时，中共中央、国务院就发布了《关于加强老龄工作的决定》。2012年，全国人大常委会全面修订了《老年人权益保障法》。2013年，国务院发布了《关于加快发展养老服务业的若干意见》。国家“十二五”规划亦对老龄事业作出了相应的规划。所有这些，均表明了党和政府对老龄化的重视。然而，当前的应对措施主要体现在民生保障上，对老龄化带来的经济、社会、文化乃至政治文明等方面的挑战还未仔细考量。不仅如此，现在的格局仍然是按传统体制、机制与路径的分割应对，老年人群体被制度分割，养老金制度被地区分割，养老服务存在供需脱节，相关产业并未成为预期中的经济新增长点，这表明现行政策及体制、机制还不能适应老龄化的发展变化及已经呈现出来的新情况、新问题。为此，我们提出如下建议，供中央决策参考：

（一）由中共中央、国务院发布新的决定，明确将科学应对老龄化上升为基本国策。我国曾将男女平等、计划生育、保护耕地、保护环境、对外开放、节约资源等确定为基本国策。而老龄化的不可逆转性及其对人民生活、经济建设、社会发展所具有的全局性、长期性、重大性影响，决定了它是关乎国家长远发展并需要全面、系统、综合应对的重大问题，近年来养老问题的日益凸显，更加表明了需要引起更高程度的重视。因此，在《关于加强老龄工作的决定》颁布15年后，有必要再次由中央制定新的政策性文件，将科学应对老龄化明确为一项基本国策，用以指导相关制度建设和国家中长期规划及相关产业的发展，并采取更为有效的综合应对行动，真正将人口老龄化转化为促进国家健康持续发展的长期有利因素。

（二）适时调整老龄工作方针及与之相关的体制、机制。根据近十多年来的形势变化和“四个全面”的战略布局，新时期的老龄工作宜以维护老年人生活质量与平等、尊严为目标，坚持党政一体领导，社会广泛参与，家庭成员互助，老年人自立自强，并据此调整相关体制、机制。一方面，当前老年人群体的不同身份标识犹存、群体分割分治，既有由党的系统负责管理的老干部与技术人员，也有政府民政部门负责的城乡弱势群体，人社部门还对一些企业退休人员负有责任，还有军队自行管理的退伍军人，而农村老年人则缺乏明确的管理部门，这种人以群分的格局，不仅带来了不平等，也造成了资源浪费与行政效率低下。因此，应当进一步强化各级党委的领导职责，将老龄委列入党的系统，理顺老龄委与民政部门等的关系并明确划分各自职责，进一步做实老龄工作机构，赋予其具体规划科学应对人口老龄化工作并履行监察职能的职责，真正扮演好老龄工作综合规划中心、信息中心、考核评估中心、政策研究中心等角色。另一方面，尽快改变党政分别包办强势（老干部等）、弱势（“三无”老人等）老年人服务的格局，全面实现养老服务社会化，特别需要重视发挥社会组织与市场机制的作用。政府要托住困难老年人的民生底线，更要智慧地运用公共资源和相关政策来引导市场与社会资源投向养老产业。针对家庭内部代际关系日渐松弛和将老年人视为弱势群体的不当观念，有必要将维系家庭成员之间的互助保障机制和鼓励老年人建立互助养老机制作为综合应对老龄化的重要内容，并有具体的政策措施加以规制和促进。

（三）制定养老产业专项规划，让其成为国民经济持续发展的新增长点和新兴战略性产业。老年群体在快速壮大，老年人的消费能力日益增强，其物质需求、生活服务需求、文化需求和社会参与需求等构成了整个社会需求的日益重要的组成部分，老龄化带来的消费群体结构变化，必然带来整个社会的消费结构、产业结构、就业结构的变化，经济增长将长期受其影响。因此，国家宜将老年消费视为内需增长的主要驱动力之一，将老年人群体视为推动产业结构变化和经济增长的一支十分重要的力量。为此，国家有必要制定养老产业发展专项规划，明确相关产业的结构布局与发展目标，为养老产业的大发展提供行动指南。这种规划应当立足于老年人的数量与结构变化趋势，以老年人的需求为出发点，走社会化、市场化、多元化“三化并举”道路，政府要主导社会化、促进市场化、助力多元化。

（四）尽快促使养老保险制度理性地走向定型。养老金制度为老年人提供基本经济来源，是人们安享晚年的重要保障。我国养老金制度面临的问题，主要不是资金短缺而是结构欠优和资源配置方式有误，因此，应当通过深化改革来促使其在“十三五”走向成熟、定型。当务之急有三：一是尽快推进基本养老保险制度全国统筹，真正实现全国制度统一；二是优化基本养老保险制度，包括主体各方相对均衡地分担筹资责任、强化互助共济功能、实现待遇结构正向激励等；三是真正构建起多层次制度体系，通过适度降低基本养老保险替代率、缴费率，为企业或职业年金等留出空间，并给予公平且更具激励性的政策优惠。

（五）抓住“十三五”的宝贵时机，及时完善养老服务业发展思路与政策体系。养老服务是老年人群急剧增长的内在需求，也是有巨大潜力的经济增长点。“十二五”是我国养老服务业发展最快的时期，养老床位从 200 多万张增长到了近 600 万张，多元投资的格局正在形成。但总量供给不足、结构失衡、资源浪费、服务质量不高、护理人员极度短缺的局面并未改变，农村老龄化形势严峻却还未真正引起重视，相关政策中的缺陷正在影响着养老服务业的健康发展。因此，应当抓住“十三五”的宝贵时机，制定“十三五”养老服务业发展专项规划。新时期的养老服务发展思路，就是要充分尊重中国的国情，以老年人的需求为出发点，坚持立足社区，从重机构养老转为以居家养老为重，从重城市轻农村转为兼顾城乡并向农村倾斜，从依据退休年龄一刀切转化为以年龄为基准并重点考察失能状态为依据，从公办养老机构为主体转化为民办养老机构为主体，全面满足老年人群体的服务需求。为此，应将当前奉行的居家为基础、社区为依托、机构为支撑的方针，调整为居家为主体、机构为补充、社区为桥梁的新格局，在对老年人进行分类评估的基础上实现精准服务，同时督促家庭成员尽责、倡导老年人互助。针对当前各地大举建设大规模养老机构、高端养老机构和各地养老床位50%左右在闲置的现象，应当发出“泼冷水”的政策信号。“十三五”期间的总体政策取向，应以立足社区服务居家老人为重点，以缓解农村老年人养老服务严重不足为重点，即通过城镇社区和乡村将养老机构、社会组织等的专业化服务与老年人居家生活紧密联系在一起，这是真正满足绝大多数老年人需求并能够提高养老服务投入效率的合理取向。同时，构建完整的政策支持体系，杜绝相关政策相互冲突的现象，将经济政策、社会政策等融为一体，围绕中心与重点工作提供有力支持。此外，还要打破现行政策界限，明确公办养老机构主要承担收养失能半失能老年人的责任，让有需要的健康老年人（包括“三无”“五保”老人）入住民办养老院，优先扶持立足社区或向社区辐射的养老机构。

（六）尽快建立长期照护保险制度。调查中发现，需要长期护理的失能半失能老年人是最困难的群体，他们大多无法依靠养老金来支付长期护理费用，许多失能、半失能老人不是自己苦苦支撑着，就是子女们轮流照护，其生活质量伴随失能程度而下降。与此同时，民间资本投向养老服务业时则因老年人的护理消费能力不足而信心不足，一些投资者偏好高收入老年人，或借养老之名行房地产开发之实。因此，我国有必要借鉴德国、日本、韩国等国的经验，尽快建立长期照护保险制度，以此达到壮大老年人消费基金，进一步减轻养老后顾之忧，同时增强民间资本投向养老服务业的信心等多重目标。尽管《社会保险法》中还未有长期照护保险的规定，但建立这一制度完全符合社会保险的立法宗旨，是对现行立法内容的必要弥补。因此，建议尽快制定政策性文件或行政法规，出台相应的行动方案，可以在公职人员中先行先试。在“十三五”期间，再通过修订《社会保险法》将之上升到法律规范的层次并在更大范围内实施。

（七）大力培养护理专业人才，积极开发老年人力资源。调查中发现，养老服务业发展中最难的不是资金缺乏与土地供给，而是专业护理人员极度紧缺且后继乏人。当前养老机构聘用的服务人员大多是年龄偏大、文化偏低且缺乏专业训练的人员，年轻人中鲜有愿意加入的。如贵州省有逾千所养老机构，拥有护理资格证书的护理员却只有1000人左右，平均每间养老机构仅有1人，类似情形在其他省、区亦为常见。与之相对应的是，由于我国法定退休年龄是男60岁、女50岁（干部与知识分子除外），享受“五保”等待遇的年龄界线也是60岁，造成许多低龄退休人员无所事事。一些身体健壮的低龄老年人或迷于麻将，或迷于广场舞，或只担当做家务、照看孙辈的角色，缺乏新的途径参与社会。有鉴于此，国家有必要尽快制定护理队伍建设专项规划，在“十三五”期间切实推动大规模培养（训）专业人才的行动；同时，将老年人人力资源开发作为新时期老龄工作的重要内容，建立老年人志愿服务机制，倡导低龄、健康的老年人参与志愿服务，促进老年人之间互助养老，这是弥补我国年轻护理人才后备严重不足的合理取向。

（八）进一步完善相关法制，为老年人维权提供更加清晰的法律依据。调查发现，有的地方老年人应当享受的优待政策未得到落实；一些农村青年子女敬老养老意识淡薄，有的外出打工后不仅不履行赡养义务，甚至多年不与年迈父母联系；一些家庭或养老机构还存在虐老行为；老年护理中的意外伤害事件不时发生。这些情况表明，维护老年人合法权益刻不容缓。此外，“三无”老人等特困老人和入住养老机构的老人的监护问题，依靠现行法律也很难圆满解决。因此，老龄工作应当尽快纳入全面依法治国战略中，进一步完善相关法制，当务之急是宣传、督促贯彻落实《老年人权益保障法》，尽快完善老年人监护制度等。

建立公平可持续的社会保障制度*

金维刚
（中国劳动和社会保障科学研究院院长）

党的十八届五中全会就“十三五”规划提出了指导性建议，其中包括社会保障体系建设。在“十三五”时期，重点是建立更加公平可持续的社会保障制度。

一、增强社会保障的公平性

一是全面实施全民参保计划，实现法定人群的全覆盖。我国现在正在走向全民社保的发展阶段，特别是在前几年已经实现了全民医保基础上，在“十三五”时期，要在养老保险领域实现全覆盖，任务还是比较艰巨的。目前参保率已达到80%，参保人数有8.4亿人，在“十三五”时期至少还要将1.5亿人纳入养老保障体系。其中非常重要的一点，就是全面推进机关事业单位养老保险制度改革。2015年年初国务院发了文件，现在各个地方已经制定了实施方案，2016年上半年就会在各地全面实施。这项改革实施以后，除了把在职的将近4000万人纳入养老保险之外，

* 在2015年10月21日（首届）中国养老服务业发展高层论坛主论坛上的演讲，修改后发表在《中国经济社会论坛》2016年第2期。

还有1500多万退休人员也将纳入城镇退休人员统一的养老金调整之中来确定。

二是全面实施城乡居民大病保险制度。2015年8月国务院发布了《关于全面实施城乡居民大病保险的意见》，提出到2017年要建立比较健全的城乡居民大病保险制度，并且与医疗救助相衔接，共同发挥托底的功能。

三是继续推进城乡医保制度和管理的整合。目前全国已经有8个省级地区、38个地市和其他一些县（区）实现了城乡居民医保的整合，覆盖人数超过了2亿人。“十三五”时期将实现城乡居民医保制度、政策、管理的整合和统一。

四是促进企业年金与职业年金的协调发展。在我国构建多层次的养老保障体系方面，作为第二支柱的补充养老保险实际上主要是企业年金，目前发展还比较滞后，企业年金的覆盖人数与参加基本养老保险的覆盖人数相比只占不到7%，换言之，93%以上的企业职工还没有年金。而在机关事业单位养老保险制度改革实施以后，将会普遍建立职业年金，有关改革方案要求用人单位应当为其工作人员建立职业年金，带有一定的强制性。在这两者之间将来会出现不平衡，必须要推进其协调发展。

二、促进社会保障可持续发展

社会保障作为一种国民收入再分配，应当实现可持续发展。

首先，要实行职工基础养老金全国统筹，2016年会出台方案。目前，部分地区存在城镇职工养老保险基金当期征缴收不抵支的问题，通过全国统筹，可以大为缓解部分地区职工养老保险基金支付压力，增强基金的抗风险能力，同时也能为适当降低费率创造一定的条件。要建立医疗保险稳定和可持续的筹资与待遇确定机制。目前，在居民医保筹资方面主要靠政府财政补助（占 80%），必须要适当调整筹资结构。同时，在职工医保方面，目前个人账户筹资与积累资金占比过大，将来也要适当地调整这种筹资结构，增强统筹基金的支付能力。

其次，要继续推进医保支付方式改革。目前医疗费用增长过快，不少地方三到五年就翻一番，部分地方医疗保险基金开始收不抵支，甚至有一些地区历年的累积已经消耗殆尽。很多地方通过付费方式改革控制医疗费用过快增长，“十三五”时期需要在这方面加大力度。

再次，要适当降低社会保险费率。中央已明确要适时适度降低各项社会保险的费率，2015 年已经降低了失业保险、工伤保险、生育保险的费率，总体上降费率达到 1.75%。现有的降低费率的力度与企业诉求相比还有很大的距离，下一步要想办法通过采取多种方式打“组合拳”，为降低企业的养老保险和医疗保险等各项社会保险费率创造必要的条件。划转国有资本来充实社会保障基金，除了充实作为国家战略储备的全国战略社会保障基金之外，还应当探讨划拨国有资本充实城镇职工的基本养老保险基金。

三、探索建立长期护理保险制度

目前我国已经有 3500 多万失能、半失能的人员，这些人员的长期护理包括生活照护，已经给社会特别是这些人员所在的家庭造成了很大的负担。随着人口老龄化，这方面的人数占比会不断增长。所以，必须通过制度安排，并借鉴国际经验，探索建立具有社会保险性质的长期护理保险制度，来逐步满足这方面的社会需求。

同时，还要大力发展商业人身保险。在多层次社会保障体系建设中，商业保险相对来讲发展还是比较滞后，而商业保险具有广阔的发展空间。目前我国已经进入中等收入国家，从国际经验来看，在这个阶段商业保险需求不断放大，可以通过政策扶持来鼓励和促进商业保险的发展，使它成为我国社会保障体系的重要组成部分。

养老服务发展的基本成效和未来工作重点*

王杰秀
（中国社会保障学会副会长、民政部政策研究中心主任）

一、我国养老服务发展现状

养老服务体系是老有所养的基础和前提，发展养老服务是老龄化应对措施的重中之重。自中国进入老龄化社会以来特别是“十二五”时期，中央高度重视养老服务，我国养老服务体系建设取得了长足发展。在法律政策方面，修订了老年人权益保障法，颁布实施了《养老机构设立许可办法》《养老机构管理办法》等一系列法律、规章，贯彻落实老年人权益保障法和国务院关于加快发展养老服业的若干意见，先后出台了设施用地、规划建设、标准化、人才培养、老年人补贴、政府购买服务、税收优惠、民间资本参与、价格管理、金融支持等近 30 个专项政策。在服务体系建设方面，截至 2015 年年底，全国建成各类养老服务机构和设施 11.6 万个，养老床位 672.7 万张，每千名老人拥有养老床位数约为 30.3 张。开展了养老服务业综合改革试点、以公办民营为重点的公办养老机构改革试点和医养结合试点。全国有 23.61%的养老机构内设有医疗服务设施。日

* 在 2016 年 10 月 11 日第二届中国养老服务业发展高层论坛主论坛上的发言，有删节。

间照料服务基本覆盖了城市社区和一半以上的农村社区。初步形成以居家为基础、社区为依托、机构为补充、医养相结合的养老服务体系。在提升能力方面，推动养老服务标准化，发布了6项涉老建设标准、8项管理服务标准，在研22项相关标准。加强专业人才队伍建设，全国各类养老机构中共有养老护理从业人员40多万人，其中持有职业资格的比例达到33.73%。推动"互联网＋养老"，发展健康管理类可穿戴设备、智能养老监护设备，培育智慧健康养老服务新业态。在老年人救助和福利方面，所有省份都建立了城乡特困老年人供养制度，26个省份建立了80周岁以上高龄老年人津贴制度，20个省份建立了生活困难老年人养老服务补贴制度，17个省份建立了失能老年人护理补贴制度。

二、2016年养老服务领域开展的主要工作

2016年是"十三五"开局之年，也是养老服务发展的重要一年。

一是编制养老体系"十三五"规划。会同发展改革委等部门，立足"十二五"养老服务体系建设现状和"十三五"人口老龄化发展形势，正在编制养老体系"十三五"规划，明确养老体系建设的指导思想、目标任务和保障措施。重点在完善养老服务体系、夯实政府保障责任基础上，繁荣养老市场，扩大老年人社会参与，进一步完善工作体制机制，落实各项扶持政策。

二是制定出台养老服务业金融支持政策。联合中国人民银行等出台了《关于金融支持养老服务业加快发展的指导意见》(银发〔2016〕65号)，推动落实制定金融支持养老服务业发展的政策措施，加大金融组织、产品和服务创新力度，改进完善养老领域金融服务，鼓励和引导商业银行等金融机构开发养老信贷产品。

三是积极推动医养结合。贯彻落实国办《关于推进医疗卫生与养老服务相结合指导意见的通知》（国办发〔2015〕84 号），联合卫生计生委等部门印发了《关于做好医养结合服务机构许可工作的通知》（民发〔2016〕52 号）、《关于印发医养结合重点任务分工方案的通知》（国卫办家庭函〔2016〕353 号），推进医养结合体制机制创新，促进医养结合发展。

四是持续推动重点领域改革试点工作。创新发展模式，会同国家发展改革委、卫生计生委印发《关于同意在北京、湖北、云南开展面向养老机构的远程医疗试点工作的通知》（发改办高技〔2016〕623 号），给予 3 个试点省份相应资金补助，支持建立面向养老机构的远程医疗技术和服务体系。联合财政部下发《关于中央财政支持开展居家和社区养老服务改革试点工作的通知》（民函〔2016〕200 号），中央财政安排中央专项彩票公益金，通过以奖代补方式，选择一批地区进行居家和社区养老服务改革试点，促进完善养老服务体系。

五是建立和完善养老服务体系，健全老年人福利制度。协调加强养老机构消防安全专项治理，支持养老机构消防安全设施建设改造。完善养老机构设立许可、监管等办法。推动各地全面建立经济困难老年人高龄津贴、养老服务补贴和护理补贴制度。推动贯彻落实《关于开展老年人意外伤害保险工作的指导意见》，逐步推广老年人意外伤害保险工作。

六是全面放开养老服务市场，增加养老服务和产品供给。推动第二批公办养老机构改革试点工作，扩大公办养老机构改革试点范围。推动制定《关于支持整合改造闲置社会资源发展养老服务的通知》，鼓励挖掘闲置社会资源建设养老服务设施，提高老年人就近就便获得养老服务的可及性。加强农村留守老年人关爱服务工作，补足农村养老服务短板。鼓励养老服务机构连锁化、品牌化经营。促进养老服务与医疗、家政、保险、教育、旅游等相关领域融合发展，繁荣养老服务消费市场。

三、进一步推进养老服务的工作思路

我国老龄化快速发展、日益加深，养老服务面临严峻挑战。下一阶段我们要立足现实、着眼长远，加快建立起与人口老龄化形势相适应、与经济社会发展水平相协调的养老体系。

一是推动制定《关于全面放开养老服务市场提升养老服务质量的若干意见》《关于加快推进养老服务放管服改革的通知》等。通过供给侧结构性改革，大力培育和发展市场主体，激发市场活力，增加养老服务和产品供给，加强质量监管，提升养老服务质量。

二是全面建立以居家为基础、社区为依托、机构为补充的多层次养老服务体系。推动养老体系“十三五”规划尽快出台，为“十三五”时期养老体系发展提供指引；研究制定《关于推动社区居家养老服务发展的意见》，巩固社区居家养老基础地位，补齐居家养老支持政策短板，采取有效措施整合资源，充分发挥社区公共服务设施功能；开展“互联网＋养老”行动，推广社区养老服务信息网络平台建设；推动开展“智慧健康养老产业发展行动”，推动健康养老服务智慧化升级；鼓励社区嵌入式、小微养老机构发展，采取家庭护理床位、菜单式服务等方式，将专业化、定制化服务引入社区、家庭。

三是推动建立面向失能老年人为主的长期照护保障制度和医养结合服务体系。探索建立由长期护理社会保险、商业性长期护理保险、护理补贴、护理救助等相互衔接、互为补充的长期照护保障制度。支持各地探索适宜的长期照护保障发展模式。研究政府、单位和个人等责任共担的多渠道筹资机制，增强老年人接受护理照料的支付能力，促进照护制度持续发展。建立老年人护理需求认定和等级评定等标准体系、服务机构运营和护理人员行为管理等规范、服务质量评价和监管机制等。重点支持养护型、医护型养老机构建设。加大对护理型床位建设、运营补助力度，提升养老服务康复护理功能。鼓励社会力量兴办医养结合机构，推动医疗资源进家庭、进社区、进机构。支持养老机构开展医疗服务，积极做好国家级医养结合试点工作，部署开展医养结合指标体系监测。

四是建立健全养老服务人才激励机制。发挥养老服务促进就业作用，坚持学历教育和职业教育相结合，实施养老护理人员培训计划，支持城乡有就业要求和培训愿望的劳动者参加养老服务技能培训或创业培训。完善养老服务人才使用激励机制，加强基层和一线养老服务专业技术人才队伍建设。通过岗位津贴、职业资格补贴、社会保险补贴、评优表彰等形式，改善就业环境。

五是优化养老服务发展环境。完善养老机构设立许可、监管办法，研究制定《关于加强养老机构消防安全规范管理的实施意见》，简化优化养老机构消防审批手续，落实养老机构年度报告和综合评估制度。制定出台养老机构分类管理、养老机构入住协议示范文本、社区居家养老服务基本规范等标准，进一步推进养老服务标准化建设。推动老年宜居环境建设，为老年人提供安全、便捷、舒适的生活环境。

六是完善与老龄化相适应的福利慈善体系。统筹规划建设公益性养老服务设施，提供方便可及、价格合理的各类养老服务和产品，落实托底保障责任。全面建立针对经济困难高龄、失能老年人的补贴制度。统筹社会保险、社会福利、社会救助以及慈善等社会保障措施，强化政策衔接、实现制度整合，确保困难老年人基本生活。落实《中华人民共和国慈善法》要求，使公益慈善组织成为发展养老服务业的重要力量。

总之，我们将以推进养老服务供给侧改革为抓手，按照政府加强引导、监管和托底，社会主体广泛参与，家庭发挥基础作用的思路，全面放开养老服务市场，增加公共服务供给，提升养老服务质量，更好地满足老年人多层次多样化养老服务需求。

发挥社会组织作用，协助推进养老服务事业发展*

江　丹
（中国红十字会总会事业发展中心主任、
中国老龄事业发展基金会副理事长）

当前，养老服务已经成为牵动千家万户、影响社会和谐稳定的民生大事，也是全社会的共同责任。这次，我们举办中国养老服务业发展高层论坛，目的就是要展示养老服务业研究的最新成果、宣传和推广养老服务发展的典型案例和成功经验、动员社会力量进一步关注和参与养老服务业发展，同时，为大家搭建一个相互学习、交流互动的平台，汇聚众智、群策群力，为党和政府制定养老政策建言献策，为推动中国养老服务业健康快速发展作出积极贡献。下面，我重点就事业发展中心开展公益养老服务的实践历程、经验做法，谈谈对发展养老服务业的思考与体会，与大家交流和分享。

一、充分发挥红十字公益机构的优势和引领作用

中国红十字会总会事业发展中心（以下简称“事业发展中心”）是中

* 在 2015 年 10 月 21 日（首届）中国养老服务业发展高层论坛开幕式上的发言，有删节。

国红十字会总会的直属事业单位。多年来，事业发展中心弘扬“人道、博爱、奉献”的红十字精神，秉承“心系民生、回报社会”的公益理念，充分发挥公益组织优势，调动和整合社会资源，致力于养老、教育、文化、救助等公益事业，积极探索公益性服务与市场化运作相结合的新型公益模式，取得了一定成绩，得到了上级领导的充分肯定和社会各界的大力支持。

早在 2001 年，我们就开始关注和研究我国人口老龄化问题，并探索公益养老服务途径。2006 年，我们启动“曜阳国际老年公寓”建设项目，先后在扬州、北京、富春江和济南建成四所老年公寓，重点为对国家和社会做出特殊贡献以及特别困难的老人提供公益性养老服务。

红十字会的工作职责定位是扶贫济困、救助弱势群体。我们结合养老形势的发展变化，及时调整工作思路和重心，重点关注高龄、空巢、失能、失独等特殊群体老人的养老问题。从 2012 年开始，我们开始试点建设面向社区、面向中低收入家庭、面向失能老人的“曜阳托老所”，为入住老人提供全方位的医疗护理和生活照料。

2013 年，我们组织实施了“曜阳关爱失能老人行动”，通过争取政府购买服务、有关部门帮扶、爱心企业捐赠等多种方式，多方筹集资金或物资，用于资助生活不能自理的失能老人，为他们提供“保姆式”的公益性养老服务，切实改善他们的生活境遇和品质。目前，共募集社会捐赠款物近 4000 万元，并按照捐赠人的意愿，已服务失能老人达 2000 多人。

为争取更多资助资金，扩大失能老人帮扶范围，2014 年，我们在总会的大力支持下，向财政部申报了中央专项彩票公益金支持失能老人养老服务项目，获得了 1.23 亿元资金支持，分两年实施，在全国范围内资助近 600 家养老机构，直接惠及失能老人将达到 4 万人。“曜阳关爱行动”得到了社会各界的积极响应，全国 100 多家爱心企业、1000 多家养老机构、数千名养老护理员以及爱心企业家、爱心人士、爱心志愿者近万人参与了“曜阳关爱行动”，充分反映出社会组织带动社会力量参与公益养老事业的影响力和感召力。

我们在注重做好养老服务工作的同时，还高度重视养老文化宣传，搭建了“博爱中国”文化平台，积极弘扬中华民族孝亲敬老的传统美德。先后在北京、成都、济南、厦门等十多个城市，举办了数十场“博爱中国”大型公益晚会和红十字文化宣传活动；同时，挖掘和弘扬中国传统孝文化，在北京、香港、巴黎等地成功举办感悟《道德经》、感悟《论语》咏诵会，宣扬中华民族尊老爱幼的传统美德。此外，坚持把重阳节、5·8世界红十字日等节日宣传活动常态化，全国曜阳养老机构集中联动，开展形式多样的敬老爱老助老活动，感召和动员更多社会力量参与养老，营造孝亲敬老的良好社会氛围。

经过多年实践和探索，曜阳养老事业已初步形成了“曜阳老年公寓”“曜阳托老所”和“曜阳保姆服务”“三位一体”的养老服务工作体系，并制订了曜阳养老“建设、服务和管理”三项标准，充分体现人文关怀与医养结合的养老特色，力求为老人特别是失能老人提供专业化、规范化、人性化的养老服务，从而满足不同层次、不同类型老人的养老需求。

红十字公益机构的养老服务工作引起了社会各界的广泛关注，也得到了有关部门的充分肯定。中央党校将“曜阳养老”作为“中国养老难题如何破解”研究和教学的重要案例，走进了省部级和厅局级领导干部培训班课堂。中央电视台、《人民日报》等主流媒体，对曜阳公益养老进行了系列宣传和跟踪报道。

二、积极探索公益性服务和市场化运作相结合的新型社会养老服务模式

回顾曜阳养老之路，我们重视学习贯彻党中央和国务院有关养老服务

工作的指示精神，坚持开拓创新，坚持探索公益性服务和市场化运作相结合的新型社会养老模式，推动公益养老事业可持续发展。

（一）把创办实体作为推动公益养老事业发展的重要支撑。红十字会工作需要坚持捐进捐出的传统做法，但也需实现公益资金的保值增值，兴办公益养老实体是一项大胆尝试。近年来，事业发展中心通过社会捐赠资金或与爱心企业合作，共创办了 4 所公益性老年公寓，形成数亿元用于公益养老的社会资产。兴办公益养老实体可变“输血功能”为“造血功能”，不断积累用于公益的社会资金，提供长期开展公益养老活动的载体，促进公益养老事业可持续发展。公益养老载体的发展，也同时造就了一支不断壮大的养老服务生力军。

（二）寻求与企业长期合作办公益事业的方式方法。公益机构与爱心企业合作是我国公益事业未来的发展方向，这一点也为我们多年公益养老的实践所证明。“扬州曜阳”利用社会各界定向捐赠资金和设备建设运行。北京、富春江和济南三所曜阳老年公寓分别与国企、民企合作，由企业全部出资兴建。爱心企业不仅可以捐款，还可以通过捐献特定产品、智力成果和劳动服务等方式支持公益养老事业。总之，“企业献爱心、机构建平台”的做法，是使公益事业行之有效并能可持续发展的方式方法。

（三）探索公益性服务与市场化运作相结合的着力点。曜阳老年公寓的运营管理在探索公益性服务与市场化运作相结合方面作出了有益尝试。一方面，积极筹集社会资金，努力争取政府政策扶持和资金支持，为特殊贡献和特殊困难家庭老人提供免费或低于成本的公益性服务，充分体现公益性；另一方面，面向社会，按照市场经济规律运营，增设特色养老服务项目，满足有稳定收入来源老人的个性化需求。同时，将一部分公寓和文化娱乐设施对外开放，将运营盈利的一部分再用于公益养老，促进和扩大公益性服务。

（四）当好政府助手，重点关注失能老人。国务院《关于加快发展养老服务业的若干意见》强调，要“以政府为主导，发挥社会力量作用，着力保障特殊困难老人的养老服务需求，确保人人享有养老服务”。当前，我国高龄、空巢、失能、失独等特殊群体老人高达1.56亿人，他们中多数是半自理和不能自理的老人，身患各种疾病，很难享受到专业的生活照料和医疗护理。为贯彻落实国务院要求，我们于2013年启动了“曜阳关爱行动”公益项目，协助政府专门面向失能老人提供专业化、个性化的养老服务。目前已在江西、陕西等省（区）的革命老区和贫困地区，与相关单位合作共建了70家曜阳托老所，为近千名入住的失能老人提供公益性的医疗护理和生活照料。

三、关于推动我国养老服务业健康发展的几点体会

我国是世界上唯一一个老年人口超过1亿的国家，未富先老、人口老龄化速度最快、各种应对准备不足、供需矛盾突出等，是我国养老工作形势的基本特征。在实际工作中，居家养老服务网络不健全、社区养老服务设施匮乏、机构养老床位不足、护理人员短缺等问题，在一些地区较为普遍。推动养老服务业的健康发展，必须重点解决好以下几个问题：

（一）坚持走符合中国国情的社会化养老之路。由于我国养老服务面临的特殊情况，仅靠政府之力难以满足日益增长的社会养老服务需求。“政府主导、市场主体”的社会化养老已是大势所趋。在养老服务中，各级政府承担着“保基本、建机制、强监管”的职责，在发挥好“托底”作用的同时，要尊重市场规律，降低民间资本进入门槛，鼓励和支持社会组织积极参与养老服务业发展，为市场化养老产业发展“保驾护航”。社会组织特别是公益性社会组织应该当好政府助手，担当“生力军”的角色，在政府政策扶持、购买服务等支持下，帮助政府“保基本”，在养老服务中做好“拾遗补缺”的工作。

（二）构建多元化的养老模式，满足不同类型老人的养老需求。由于受我国传统文化的影响，入住养老机构一般是老年人不得已而为之的选择。居家养老将是未来“中国式养老”的主流。因此，必须努力构建以居家养老为基础、社区养老为依托、机构养老为支撑的多元化养老服务模式。重点发展居家养老模式，机构向社区提供支持培训服务，社区向家庭提供生活照料和居家照料服务。居家不能自理的半失能、完全失能老人才可入住养老机构。此外，要根据人口老龄化形势和养老需求变化，积极探索推广旅游养老、文化养老、互助养老、老年志愿活动等新型补充养老模式。

（三）高度关注特殊群体老人，彰显社会公平正义。当前，高龄、空巢、残疾、失能、失独、失智等特殊老人群体快速增长，这部分老人的养老服务需求日趋强烈，供需矛盾十分突出。对特殊老人群体的养老服务，公办养老机构应起到“托底”的作用。社会组织特别是公益性社会组织应重点关注特殊老人群体，为他们提供公益性供养、护理服务，让他们感受社会温暖，共享经济社会发展成果，体现公平正义。

（四）丰富老人精神文化生活，突出特色养老服务。老年人丰富的人生阅历和特殊的生理、心理特点，决定了他们会有多层次、多样化的养老需求。因此，应根据不同层次老年人的身体状况、精神和文化需求、财力状况和生活方式，提供不同档次、不同类别的养老机构和特色服务。养老机构应因地制宜，除向入住老人提供基本的饮食起居、医疗保障外，还应根据地域文化特点，丰富老人的精神文化生活；因人而异，细致入微地做好每位老人的心理疏导和精神慰藉工作，满足老人的情感需要。

四、不断开拓创新，为发展我国养老服务业贡献力量

面对我国严峻的养老工作形势，致力于养老服务业的社会组织和政府

一样，面临诸多困难和挑战，任重而道远。在红十字旗帜下，我们事业发展中心将继续努力，不断开拓创新，重点从以下三个方面把“曜阳养老”向前推进：

一是广泛整合社会资源，全面实施“曜阳养老”品牌战略。我们将建立“曜阳公益养老”联盟，联合全国各地优秀养老机构，广泛整合社会资源，交流互助，不断提升养老服务质量，共同抵御市场风险。同时，积极学习和借鉴国内外先进养老经验和理念，制定统一标准，进行分类定级。通过打造全面实施曜阳公益养老品牌建设，努力实现连锁化经营、品牌化发展。

二是创新养老服务手段，引领养老事业进入“互联网+”时代。与专业科技公司合作，借助“互联网+”、大数据等信息手段，打造智能化养老服务平台。借助“百分孝心网”众筹平台，实施“关爱失能老人行动”众筹项目，筹集项目资金。全面启动微公益行动，整合社会资源，资助困难家庭失能老人，努力改善失能老人的生活境遇和生活品质。

三是为政府分担义务，重点发展曜阳居家养老服务。财政部、发改委、民政部和全国老龄工作委员会办公室等四部委联合下发通知，明确了政府购买养老服务的工作目标：到2020年，基本建立比较完善的政府购买养老服务制度。今后，我们将积极争取政府出资，购买曜阳公益养老服务，为试点社区老人提供饮食起居、卫生清理、代办服务、预防保健、康复护理、精神慰藉等居家养老服务。同时，与民政部门合作，建立养老服务评估机制，不断提升养老服务质量，形成以点带面，逐步深化拓展的良好态势。

“老吾老以及人之老、幼吾幼以及人之幼”，是几千年来普通百姓的美好梦想；“人民对美好生活的向往就是我们的奋斗目标”，是党和政府作出的庄严承诺。红十字事业是中国特色社会主义事业的重要组成部分，红十字会是党和政府在人道领域联系群众的桥梁和纽带。今后，我们将始终高举公益大旗，充分发挥红十字组织优势，进一步增强责任意识，真心关爱群众，努力把“曜阳养老”打造成知名的红十字公益品牌，在协调推进“四个全面”战略布局的进程中建功立业，为实现“中国梦”作出积极贡献！

大力发展社会化的社区居家养老服务*

童　星
（中国社会保障学会副会长、南京大学教授）

一、社区养老与居家养老、机构养老并非并列关系

现在许多地方都将居家养老、社区养老、机构养老视为三个相互独立、平行运作的养老服务模式，以它们各自所占的百分比确定本地养老服务业发展规划，如上海市的“9073”（即居家养老占90%、社区养老占7%、机构养老占3%，下同）、北京市的“9064”、武汉市的“9055”等，并对社区养老提出了一系列量化考核指标，如服务用房面积、康复场所建成率、服务设施开放率、床位数、从业人员数等。这岂不是在助推“社区办机构”?!

其实，从老人居住方式来划分，养老只有居家养老和机构照料两种方式，当然机构可以是公立的、可以是私营的，也可以是社区办的，但它们都属于机构照料。

纯粹的居家养老并不具备社会性，只是传统的家庭养老，不属于社会化养老。社会化养老也不排斥居家方式，在可以预见到的相当长时期内，

* 在2015年10月21日（首届）中国养老服务业发展高层论坛主论坛上的发言，有删节。

绝大多数老人都还会以“居家”的形式养老，子女都还要承担赡养老人的义务；不仅世界各国如此，东亚社会（包括中、日、韩以及东南亚各国在内）则更是如此，这是由东亚各国（和地区）的现实国情、历史传统和文化习俗决定的。社会保障学界有一种流行的说法：“远学德国，近学日本”。具体到老年保障，则可以表述为：养老保险主要学德国，养老服务则主要学日本。

纯粹的机构照料如果不和面广量大的居家老人相联系，不仅发挥不出自身的示范和引领作用，而且必然陷入或高收费、仅满足少数高端老人之养老需求（现在绝大多数私营养老机构即如此），或低收费、仅能满足少数老人甚至是关系户老人之养老需求（现在许多公立养老机构即如此）。这样的机构养老也不具备社会性，不能满足增长着的社会养老服务需求。

社会化养老超越家庭养老之处在于，在家庭成员老人自养、老伴互养、晚辈赡养的同时，还有政府主导、社会参与和全民关怀。社会化养老超越机构照料之处则在于，通过社会网络，可以发挥机构照料专业化服务的示范和引领作用。社会化养老服务的落脚点只能是社区，即以居家为基础、以社区为依托、以上门服务和社区日托为主要形式，并引入养老机构专业化服务的社会化养老模式，可称之为“社区居家养老”。社区作为平台和纽带，可以将家庭和机构有机地衔接起来，将居家养老和机构照料都转变成社会化养老服务。这是一种“不离家的社会养老”，或者是一种“没有围墙的养老院”。在社区居家养老服务的统摄下，居家老人不再属于传统意义上的家庭养老，而是通过社区被纳入社会化养老服务体系；机构照料也有了新的功能定位，公立养老、护理、医疗、康复机构着重承担失能半失能老人和低收入困难老人的基本养老服务，私营养老、护理、医疗、康复机构则负责高端老人多样化的养老服务，同时它们还要通过社区，将自身的专业化养老、护理、医疗、康复服务辐射到有需要的居家老人。

当然，社区也可以在居家与机构之间独立承接一些临时性、过渡性的服务工作，如“助餐中心”“日托中心”等。但这样做的目的不是模仿机构、复制机构，而是方便居家老人。因此，主管该项工作的民政部门也不应简单参照对机构的考评指标和优惠政策来要求社区、扶持社区，而应当探索一套适合于社区的新的考核指标办法和优惠扶持政策。

二、养老机构不应盲目追求数量和规模

在“社区居家养老”模式中，机构承担着通过社区，将自身的专业化养老服务辐射到千百万居家老人的任务，在社会化养老服务体系中发挥着示范和引领作用，所以关键在于提升服务质量，而非增加机构数量、扩大机构规模。

增加机构数量的呼声，其理由据称是我国面临的快速老龄化，目前 60 岁以上的老人超过总人口的 15%，65 岁以上的老人超过总人口的 10%，到 2050 年，60 岁以上人口会达到 4 亿，每 4 个人当中就有 1 个老人。可是，难道每一个老人都需要别人为其提供养老服务吗？现在许多老人不仅不需要别人提供服务，反而还在务农、打零工，帮助子女料理家务、照顾孙辈的老人则更多，也就是说，这些老人还在为别人提供服务，还在继续发挥着“余热”。其实只是失能、半失能的老人才需要别人提供养老服务，而失能半失能老人的总数不足 4 千万。即使是这 4 千万失能半失能老人，也并非都会进入养老机构，其中许多人还是会居家，通过老人自养、老伴互养、晚辈赡养以及社区提供帮助等方式得到解决。还要看到，城市和农村、不同城市、不同家庭的情况也不同：城市老人入住养老机构的比例一般远高于农村老人；“北上广深”等一线城市，“无家可归”（指没有农村的家可回）的老人较多，他们选择入住养老机构的比例会高些；三线城市和小县城，许多老人“有家可归”，他们选择居家养老的比例会高些。如果不注意这些差别，不从老人的实际需求出发，盲目规定养

老机构的数量和床位的数量，恐怕会造成很大的浪费。

扩大单个机构规模的呼声，其理由则是为了提高规模效益，有些地方已经建成、更多地方正在筹建可居住上万老人的“老年公寓”“敬老院”“养老城”。这种做法违背自然规律和老人心理，不仅会严重损害老人的健康和心理，而且会使其产生“被社会抛弃”“排队等死”的感觉。东亚一些国家的社区将需要托管的老人、儿童、学生集中在一起，老少互帮，其乐融融，这是顺应规律、符合人性的。专业化的养老、护理、医疗、康复机构应当小而精，集中为有需求的失能半失能老人服务，并通过社区提供的平台，将服务辐射到有需求的居家老人，形成连锁效应，这同样也可以实现经济效益。此外，特别要警惕有些房地产商以建设“老年公寓”“养老城”为名，实则“圈地”搞房地产开发。对这类行为不仅不能鼓励支持，还应当限制甚至禁止。

三、社区居家养老服务要走“互联网 +”之路

目前的社区居家养老服务还普遍存在如下一些缺陷：供求信息不对称，社区服务内容有限，导致老人许多需求得不到及时而有效地满足，现有的服务项目和内容并非社区老人之真正所需；政府支持力度不够，资金来源渠道单一，未能充分发挥社会力量的积极性；服务资源分散，缺乏有效整合，各个养老服务主体之间的互动、沟通、配合不够；服务人员素质不高，缺乏专业技能，缺乏不怕脏和累、甘愿受委屈的心理准备等。

这些问题产生的根源来自目前涉及社区的体制、机制、法制不完善，关键在于社区所能掌握和调动的资源太少。精英云集、资源丰厚的机关事业单位和国企不归任何社区管辖；并行有效的三部法律法规《城市街道办事处工作条例》《居民委员会组织法》《物业管理条例》分别出台于计划经

济时期、改革开放初期、社会主义市场经济确立期，其立法背景、理念、宗旨各不相同；涉及的街道办事处、社区居委会（工作站）、业主委员会、物业管理公司等主体的职责既相互交叉重叠，又相互矛盾冲突；街道办事处和社区工作站所遵循的行政逻辑、社区居委会所遵循的自治逻辑、业主委员会和物业管理公司所遵循的市场逻辑常常“打架”；在强大的行政逻辑和市场逻辑面前，真正代表社区自治的居委会手中几乎没有任何资源。在此背景下，社区居家养老服务要么体现出追求政绩、做表面文章的行政色彩，要么迎合追逐利润、借养老服务来“圈地”要“优惠”的资本的胃口。当然，在相关体制、机制、法制以及资源配置方式没有作出重大调整之前，社区并非完全无能为力。事实上，许多社区也在积极开动脑筋，想方设法引入社区外资源为社区内老人服务，如搭建平台引入社会组织开展服务，与驻区单位搞好关系、签订互助合作协议等。其实，社区居家养老要超越社区本身的狭小空间，真正彰显社会化的本质，就必须走“互联网 +”的道路，充分利用现成的互联网、物联网和移动通信网。互联网的本质特征就是其开放性、平等性、兼容性，信奉“不求所有，但求所用”；互联网技术具有创新性、扩散性、即时性，追求“服务极致，客户满意”；物联网的加盟，使互联网的信息联通功能进一步扩展为信息流和物流的联通互融；移动通信网则进一步推动了互联网的空间拓展和运用普及，密切了互联网与人民群众日常生活的联系。总之，“三网合一”大大加强了互联网的集成和优化作用。“互联网 +”就是充分发挥互联网的集成和优化作用，将互联网技术的创新成果深度融入经济社会生活中去，从而改变传统的生产生活方式和服务管理方式。“互联网 + 社区居家养老服务”，可以促使社会各方面资源进入社区为居家老人服务。比如，社区借助于互联网，加强养老服务需求与供给信息资料库建设，内联辖区内各个老人家庭的实时需求，外引驻区单位资源、机构照料技术和志愿服务，提供丰富多彩、讲求实效的中介服务；政府从政策扶持、标准规范、监管保障等方面鼓励社会养老机构、护理机构、医疗机构、康复机构，以各种行之有效、机构社区双赢的方式进入社区为居家老人服务，充分发挥社区连接家庭和机构的纽带作用。又如，为了实现社区作为政府、市场、社会、家庭多元合作的平台功能，可以立足于互联网、物联网和移动通信网，本着服务管理科学透明的原则，建立健全社区管理网；本着供求信息有效衔接的原则，建立健全社会服务网；本着多方资源合理配置的原则，建立健全社会参与网。

四、三管齐下，三社联动，助推社区居家养老服务

为了助推“互联网＋社区居家养老服务”的发展，必须三管齐下，充分发挥政府、市场、社会三方面的积极性。

首先，作为政府来说，一是要制定并落实养老服务信息化规划。国家老龄事业发展“十二五”规划要求“做好居家养老服务信息平台试点工作，并逐步扩大试点范围”；国家社会养老服务体系建设“十二五”规划也强调，“加强养老信息化建设，依托现代技术手段，为老年人提供高效便捷的服务，规范行业管理，不断提高养老服务水平”。2015 年是“十二五”收官、“十三五”即将开局之年，需要认真总结前五年、精心谋划后五年。二是要制定并落实相关扶持政策，按照“谁投资、谁管理、谁受益”的原则，鼓励和支持不同所有制性质的单位和个人以独资、合资、合作、联营、参股等方式兴建适宜老年人集中居住、生活、学习、娱乐、健身的老年公寓、养老院、敬老院等，并与社区订立互助合作协议，为协议社区的老人提供良好的养老服务，吸引市场力量和社会力量投入到“互联网＋社区居家养老服务”中来。三是要制定准入标准，加强规制监管，以法治来保障“互联网＋社区居家养老服务”；并且发挥“托底”作用，以公办养老机构或低保救助等方式，保障困难老人（尤其是失能、半失能老人）群体的基本养老服务需求。

其次，作为市场主体的企业来说，一是要积极介入社区居家养老服务领域，寻求经济效益和社会效益的最佳结合点。可以采用连锁经营的形式，以老年公寓、养老机构为枢纽，以社区养老（助餐、日托）中心为节点，辐射到更多的居家老人。二是要积极开发、运用智慧养老系统。建立养老服务信息平台，开发便携式养老服务软件，完善养老服务热线、养老服务求助系统和救援系统、养老服务反馈评估系统。例如，可以对老人家庭设施进行无障碍改造；可以开发助便、助浴器械以及各种类型机器人；可以在家中台阶或者床边安装压力传感器，检测老人是否摔倒并发出警报；也可以用联通到定点医疗机构的“体况智慧腕表”等对老人的生命体征进行远程监测，帮助老人提早发现疾病并进行治疗；还可以通过安装烟雾探测器、燃气探测器等，防止老人在家中出现安全事故。

最后，作为社会来说，要实施“三社联动”（即社区、社会组织、社会工作联动）。其中，社区是平台，社会组织是载体，社会工作人才是队伍。如前所述，社区要引入社区外资源来为社区内居家老人服务，而资源中的第一要素就是人才，特别是社会工作人才。社会工作者既是一类特殊的志愿者，又优于一般的志愿者，他们往往具备某项特殊的专业技能，以及“助人自助”的理念。社工人才又不是一个个独立的“原子”，往往需要加入某个社会组织，特别是社区福利服务类社会组织，通过社会组织进入社区、开展社区居家养老服务。当务之急是要培养和吸引专门从事养老服务的专业社工人才，创新激励机制，加强职业操守培训，提升服务者的业务素质和职业水平。俗话说“久病床前无孝子”，这既说明养老服务人力资源的培养是多么任重道远，又提示我们要充分发挥家庭成员赡养照料老人的责任和义务，并考虑建立照料者津贴制度，以激励家庭成员和社会人员参与社区居家养老服务，发挥家庭养老和社会养老的合力。此外，还要向老人普及网络知识和操作技能，任何能够得到广泛运用的科技成果一定兼具“技术高新化”和“操作傻瓜化”，以便让更多的老年人分享到“互联网＋养老服务”。

老年照护服务资源优化配置*

何文炯

（中国社会保障学会副会长，浙江大学教授）

随着人口老龄化进程，我国老年保障体系建设日益受到重视，并有实质性的进展。从现行制度安排看，以保障基本生活资料购买能力为目标的基本养老保险制度已经建立，以保障基本医疗服务为目标的基本医疗保险制度也已建立，今后的任务主要是完善这两项制度，增强其公平性、可持续性和制度运行效率。相对而言，老年照护服务①最为薄弱，不仅现实矛盾突出，未来趋势更令人担忧。随着人口老龄化、高龄化和家庭小型化，社会化的老年照护服务需求将不断增长，因而以提供服务为主的老年保障制度建设将被提到更加重要的位置上。也就是说，我国老年保障体系建设的重点，将从经济保障为主转向经济保障与服务保障并重的阶段。

一般认为，老年照护服务的提供，主要通过社会福利制度的安排来解决。因而，较长一个时期来，我国政府主要通过兴办社会福利事业，例如发展养老机构、发展社区居家养老服务等，增加老年照护服务供给，提高

---

* 在2015年10月21日（首届）中国养老服务业发展论坛主论坛上的发言，是国家社会科学基金重大项目“人口老龄化与长寿风险管理的理论和政策研究”（11&ZD013）和国家自然科学基金项目“老年护理保障需求、成本与筹资机制研究”（批准号：71273228）的主要成果，全文发表于《学海》2015年第1期。

① 这里所说的照护服务不包括医疗过程中的护理服务，医疗护理服务可以纳入医疗保障范畴。

老年服务保障水平。然而，供给的增加总是跟不上需求的增长，缺口越来越大。与此同时，政府财政在这一领域投入持续增多，但群众的意见不仅没有随之减少，反而有所增加。这就使我们不得不去思考更深层次的问题，重新评价老年照护服务资源配置的效率，重新审视我们的体制和机制，并努力创新改进之。

一、现实矛盾：资源不足且配置不合理

在我国老年保障体系建设的过程中，前些年的重点虽然是基本养老保险和基本医疗保险，但在老年照护领域也有不少投入，包括财政的直接投入和土地、税收、价格、信贷支持等间接投入，老年照护服务事业因此得到较大发展。但总体上说，老年照护服务的供给与不断增长的需求不相适应，尤其是与日益严峻的人口老龄化、高龄化趋势不相适应。具体地说，有两大问题：一是老年照护服务的资源不足；二是资源配置不合理。

所谓资源不足，主要是指老年照护服务的资源动员能力不足。目前，老年照护服务主要依靠家庭。面对日益弱化的家庭照护服务能力，社会化的老年照护服务需求持续增长，但这种服务的提供，主要是政府投入，民间资源没有充分调动，市场机制还没有充分发挥作用。尽管政府投入连年增长，但供求矛盾依然很突出，例如，居家养老，住宅设施、社区设施不适应，医疗服务、照护服务、心理疏导等服务跟不上，许多服务无法顺利获得。保姆越来越难找，找到好保姆更是难上加难。机构养老，总量不足，尤其是随着失能老年人的增加和家庭规模的缩小，养老机构的数量和床位以及服务质量都无法适应需求。地段和服务较为满意的养老院床位异常紧张，需要排队等待十年以上甚至几十年的报道常见于报端。不难想

象，如此现在不适应，未来更不适应。然而，我们目前缺乏一套有效的资源动员机制，让更多的资源进入社会养老服务领域，特别是让民间的社会资源进入这一领域的机制，例如，老龄产业发展，就是一个重大问题，现在还没有破题。又如，民办养老机构怎么准入？怎么运行？还缺乏一套有效的办法。还有，如何使得居家老年人能够方便快捷地购买到照护服务，更是一个崭新的课题。

所谓资源配置不合理，是指在已经进入老年照护服务领域的资源，其配置不合理，公平性不够，效率也不高。从公平性看，老年照护服务资源在人群之间、区域之间、城乡之间的配置失衡，少数人占用大部分资源，有限的资源被少数人享用，大量的老年人享受不到社会化的照护服务，尤其是未能享受到政府提供的老年照护服务。因此，在老年照护服务领域，基本公共服务均等化的任务还很艰巨。从资源配置的效率看，也有很多问题：一是重机构养老、轻居家养老。在居家养老与机构养老之间，我们现有的资源投入在机构养老方面比较多，在居家养老方面投入相对比较少。然而，无论是现在还是将来，居家养老应该是主流的养老方式。二是养老机构入住“冷热不匀”。有些养老机构门庭若市，一床难求。而有些养老机构是门可罗雀，冷冷清清。我和我的同事们专门做过调查，许多养老院的床位空置率很高，资源浪费严重。三是养老机构的区域布局不合理，一些地方把养老院规划在边远的地段，不适合老年人居住。许多领导虽然重视养老机构的发展，但舍不得把市中心的地拿出来盖养老院，只得把养老院安排到山沟沟里。四是养老机构中护理型床位偏少。据调查，现在的养老机构中入住的主要是生活基本能自理的老年人，很少有失能老年人。从养老机构设立的宗旨看，主要应该收养生活自理能力较弱且家庭无法照顾的老年人，凡生活能够自理或家庭有能力照顾的老年人，应当鼓励其居家养老。然而，现有的养老机构中，护理型的床位比较少，护理型的机构更少。因此，优化老年照护服务资源配置，已经成为一个重大的课题。

二、尊重市场规律，提升资源动员能力

未来一个时期，我国经济社会将加快转型发展，尽管经济发展进入“新常态”，城乡居民收入水平进一步提高，消费从“生存型”向“发展型、享受型”升级，老年居民对照护服务及其质量有更高的期待。目前，老年人所需要的社会化照护服务无法得到有效满足，养老机构床位总量不足、结构不合理，能够支撑居家养老的社会化照护服务更是不足，因此，需要着力增加供给，满足老年人的服务需求。然而，现行体制机制与之不相适应。因此，需要通过体制改革和机制创新来破解这一系列难题，其核心是尊重价值规律，充分运用市场机制，全面提升老年照护服务资源动员能力。

（一）吸引民间资源进入老年照护服务领域

从全社会的资源配置来看，目前，用于老年照护服务的资源不足，因此，我们需要寻找一种有效的机制，把老年照护服务资源这块“蛋糕”做大，使资源能够更多地进入老年照护服务这一领域。从国际经验看，老年照护服务需要政府资源、社会资源和家庭资源的有机整合。从我国的情况看，重点是如何调动社会的资源。因此，要充分利用市场机制，撬动能够让更多社会资源进入老年照护服务领域的杠杆。这里的关键是两个：一是市场机制，二是民间力量。在市场经济条件下，市场机制无时不刻在起作用，调动社会资源必须尊重市场规律。然而，这几年我们在推动社会化老年照护服务事业发展的过程中，并没有充分注意这一点，因而社会资源动员不够，例如，由市场提供的居家养老服务不够，民办养老机构发展不快。民间力量是指两个方面：一是营利性老年照护服务，二是非营利性老

年照护服务。这两类照护服务，近几年发展都不快，因为他们与公办机构所提供的老年照护服务处于不平等的地位，甚至还受到某些歧视，这种不平等的竞争，影响了民间老年照护服务业的发展。所以，尊重市场规律、建立平等竞争机制、营造全社会支持老年照护服务的氛围，是促进民间老年照护服务业发展、从而也是调动社会资源进入老年照护服务领域的重要条件。

（二）加快发展市场化居家照护服务

从养老方式看，居家养老是大多数老年人的选择，因而把社会化的居家照护服务做好，就能够解决大多数老年人的照护服务问题。所以，社会化的居家照护服务在整个老年照护服务体系中占有十分重要的地位。

多年来，在各级政府的重视和支持下，社区养老服务，特别是城镇社区养老服务得到较快的发展。今后，需要继续通过“星光老年之家”，以孤寡、独居、困难、残疾和高龄五类老人为工作重点，面向社区老人，提供各类服务；通过全科医生网络，为老人配备家庭责任医生，实行定期健康探视；逐步推广应用紧急救助服务，为“空巢”老人安装求救求助呼叫器；为低收入老人提供定额免费的装修及家电家具，美化亮化老年人家庭。在此基础上，适应老年人需求，不断创新社区居家养老服务项目和方式。

与此同时，要加快发展市场化的居家照护服务。要引入市场机制，打破社区行政界限，通过税收减免和相关补贴政策，鼓励企业在一定区域内提供更加高效的老年照护服务，以满足老年人的需求。例如，鼓励生活服务企业、家政服务企业等发展老年照护服务。建立评估机制，经过认定后，给予税收优惠、职业培训补贴等。在现有税收政策不做调整的情况下，需要扩大税收优惠政策的覆盖范围，吸引更多的民间资本参与居家照护服务供给。对居家照护服务供给达到一定规模的生活服务企业、家政服务企业给予税收优惠政策，鼓励这些企业拓展服务内容和项目（如上门做家务、聊天解闷、配散步和其他应急服务等）。

发展居家照护服务，需要注意城乡统筹协调发展。与城镇相比，农村居家照护的社会化服务供给明显滞后，但农村老年人的社会化照护服务需求在快速上升。事实上，随着城市化进程的加快，农村的老龄化程度已经高于城镇，且农村家庭的老年照护服务能力下降速度快于城镇。因此，农村的居家照护服务要加快发展，老年照护服务的资源要向农村倾斜，向欠发达地区倾斜，向贫困人群倾斜。在城镇，居家照护服务要增加项目、提升水平，更要注意辐射和带动农村社会化老年照护服务的发展。

（三）积极扶持民办养老机构的发展

目前，我国养老机构以公办为主，民办的养老机构发展缓慢，已经办起来的民办养老机构亦是步履维艰，这需要引起高度重视，特别是给予明确的法律地位，并给予创造必要的条件，包括各种支持政策，如准入门槛、土地政策、税收政策等。要逐步降低养老服务机构建设准入门槛，简化养老服务机构审批程序；要确保养老服务机构建设用地，包括营利性养老服务机构。营利性养老机构建设和运营项目规费等享受与非营利性养老服务机构同等优惠政策。民办养老机构享受与公办养老机构同样的财税、金融、土地、价格、人才等扶持政策，在用电、用水、用气等方面也与公办养老机构执行同价的政策。

在各项政策全面落实到位之前，发展公建民营和民办公助型的养老机构是一种值得推荐的模式。对公建民营养老机构，在运营主体的遴选上实行竞标制度，入选运营主体允许在适度范围内获取盈利，养老服务机构相关资产的所有权和处置权属于国有。对民办公助养老服务机构，提供建设补贴和服务补贴。同时，要积极推进养老机构公办民营的改革。鼓励非公有制经济参与社会福利养老单位的产权制度和经营方式的改革，可以依法将经营权以承包、租赁、出让、委托经营、参股等方式转给企业、社会组织或个人以及外资等市场主体，由市场主体按照自主经营、自负盈亏、自我发展、自我约束的原则为老年人提供养老服务。

此外，要控制和逐渐缩小公办养老机构的数量和规模，逐步增加政府向民办养老机构购买服务的比重。近年来，某些地区已经决定不再新增新建公办养老机构，这是值得称道的。

（四）着力培育老年照护服务队伍

人力资源是第一资源。与家庭照护服务不同，社会化的老年照护服务需要专业化，包括硬件和软件的专业化，其中最为重要的是照护服务人员的专业化。然而，我们的现状与之差距甚远，关键是这支服务队伍的专业化程度低，由此造成其经济收入低、社会地位低、风险保障水平低。因此，要尽快改变这种情况，吸引优秀劳动力进入这个行业。要把老年照护服务队伍的专业化建设放到重要地位，要把从事老年照护服务作为三百六十行中的重要一行，明确其职业素质要求、薪酬标准，并落实其相应的社会保险和福利待遇。同时，还要培育志愿者队伍，形成有效的激励机制和风险保障机制。一要制定老年照护服务队伍培养规划，进一步明确老年照护服务队伍培养的重点目标、主要任务、政策措施和方法步骤，整体推进老年照护服务队伍建设。二要建立健全老年照护服务教育培训体系，完善老年照护服务从业人员免费培训制度，对从事老年照护服务的工作人员，包括对为老年人服务的家政人员、志愿者、社工等进行集中免费培训。当前一个重点是要通过职业培训提高居家养老服务人员家政服务、医学常识等专业素质，政府对居家养老服务人员的专业化培训要进行补贴，同时，有计划地在高等院校和中等职业学校增设养老服务相关专业和课程。三要健全完善老年照护服务人员使用制度，建立健全岗位管理、岗位考核、与人员退出制度，合理配备工作人员，严格人员管理。特别要鼓励各类居家养老服务机构和组织优先招聘失业人员、享受最低生活保障待遇人员和农村转移就业登记劳动力从事居家养老服务工作，符合职业培训补贴政策条件的人员，按照相关规定提供免费或优惠培训。四要建立完善激励保障制度，制定老年照护服务人员薪酬指导政策和奖励政策，切实改善老年照护服务工作人员的工资收入和福利待遇。建立完善养老护理员职称评聘体系，护理员职业技能等级与职务晋升、待遇相挂钩。研究制定优惠政策和措施，积极鼓励大中专院校和护士专科学校毕业生到养老服务机构和社区从事老年照护服务工作。

三、保障基本需求，增强服务公平性

我国现阶段老年照护服务资源不足，既要扩大规模，也要合理配置。这不仅是为了提高资源利用的效率，更是为了实现社会公平。现代社会中，人与人之间，虽然会因为能力和机会的差异而出现贫富之差距，但每一个人都享有基本的权益，这些基本权益与个人的能力和机会无关，也不因其性别、种族、职业和居住地不同而有差异，这就是基本公共服务。国家必须通过法律法规保障社会成员的这些权益。毫无疑问，基本养老保障是一项基本公共服务。过去，我们把基本养老保险作为基本养老保障的重点，随着时代的进步，我们应该把老年照护服务列入基本养老保障的范畴。事实上，《国家基本公共服务体系“十二五”规划》已经体现这一精神，其中第六章“基本社会服务”中就有“基本养老服务”的内容，其重点是老年照护服务，明确规定了其服务对象、保障水平、责任主体、资金来源和发展目标。所以，我们需要进一步明确界定老年照护服务领域的基本公共服务，以有效的途径和方法切实推进并逐步实现均等化。

社会化的老年照护服务可以由政府直接提供，也可以由民间机构提供。但是政府所提供的老年照护服务属于基本公共服务，这类服务是基于老年人的基本权利和政府基本责任而确定，是政府对每一位老年人应尽的责任，不分人之贵贱，人人公平享有，所以应当以社会公平为原则，以实现均等化为基本目标。然而，现阶段政府提供的老年服务并没有覆盖全体老年人，且其均等化程度很低，保障过度与保障不足、保障缺失并存，一部分人以廉价的成本获得政府所提供的良好的照护服务，一部分人则无法从政府那里得到本应得到的照护服务。因此，需要设计一套有效的机制，让每一位有需求的老年人都能够得到相应的照护服务，而这种服务应当具有合理性。这里所说的“合理”，包括服务规格、提供主体和资金来源等。而判断合理与否的标准，是社会公平和资源利用效率。

老年照护服务体系由多个要件组成，包括服务人员、服务设施、服务技术、资金来源等，筹资机制设计是其中的核心之一。最近20年来，学界有不少关于在我国发展长期护理保险的研究，政府部门和社会舆论也十分关注，有的朋友明确提出建议建立社会保险性质的长期护理保险制度。然而，我们需要注意到，护理保险是技术复杂、成本较高的一项保险①，而且日本等国家和地区的护理保险制度实践中出现了困难，表现出这项社会保险制度的一些缺陷，因而我国未必急于推行。如果采用普惠的公共福利模式，成本将是较高的。因此，建立老年照护服务补助制度，作为针对困难老年群体的一项补助政策，带有救助性质，可能是具有较强操作性的。至于护理保险，则以补充保险方式实施，由商业保险或互助合作保险组织办理，老百姓自愿选择。实施这一制度，有益于增加老年照护服务的有效需求。事实上，相当一部分低收入家庭的老年人迫切需要社会化老年照护服务，但无力购买，因此要设法提高他们的购买力。

老年照护服务补助制度是指政府对于满足一定条件的老年人发放补贴，用于购买社会化的老年照护服务，包括居家养老服务和机构养老服

① 赵亚男：《护理保险制度财务可行性研究》，浙江大学硕士论文，2012年。

务，此项经费全部由财政承担。这是政府购买服务的一种类型。建立这项制度，有利于政府履行基本养老服务职责，有利于增加老年照护服务有效需求，也有利于改进政府在老年照护服务领域的投入机制。过去，政府对于老年照护服务也有不少投入，但主要采用补供方的办法，且以补助养老机构为多，属于“暗补”。从实际效果看，这种方式带有明显的弊端。建立面向服务需方的补贴机制是增加需求的有效途径。这将有利于财政投入使用效益的提高和老年照护服务市场的健康发展，体现了对老年人选择权的尊重。由老人自主选择养老机构，客观上使得老年照护服务提供主体有了竞争的压力，迫使他们根据老年人的需求，想方设法改进服务质量，丰富服务内容，有利于其优胜劣汰。

从政府基本养老服务的职责出发，老年照护服务补助制度应当是一项面向全体老年人群的普惠性制度。但是，老年人的身体和家庭情况千差万别，其照护服务的需要不同，因而政府对于不同的老年人承担不同的责任，提供不同程度的补贴。为了提高财政资金使用效率，从社会公平的原则出发，政府提供的老年照护服务补助对象主要有两类：一是身体状况较差、家庭经济困难的老年人，二是作为优抚对象的老年人。享受老年照护服务补贴的对象，需要通过一套科学合理的评估办法来确定，其主要标准是老年人的失能程度、家庭经济状况和家庭照护能力。在制度实施之初，建议先在农村“五保”老人、城镇“三无”老人和优抚对象中施行，前两类老人没有劳动能力、没有收入来源、没有法定赡养人或者其法定赡养人无赡养能力，应当由财政全额补贴，而优抚对象是为国家做出牺牲和贡献的特殊群体，对他们的保障标准要高于一般社会成员，应确保优抚对象的生活水平高于当地社会成员的平均生活水平。当然，如果上述老年人已经进入了集中供养的机构，则其补贴就直接补贴到养老机构，相当于其个人已经拿到补贴，并购买了机构养老服务。

老年照护服务既是政府的责任，也是家庭的责任。基于家庭和政府共担的原则，老年照护服务补助标准应当适度，要坚持保基本、低标准起步，先从解决特别困难的群体入手，随着经济发展和国家财力的增长逐步扩大覆盖范围、提高补助水平。

四、明晰政府职责，创新服务供给机制

保障和改善民生是服务型政府的基本职责，也是促进经济发展方式转变的有效手段。作为民生领域的一个重要项目，加强和改进老年照护服务需要从经济社会发展的全局出发，充分发挥家庭、企业、社会组织和政府等社会各主体的作用，实现多元共治，这里的关键是明细政府职责，创新老年照护服务的供给机制。

对于老年照护服务，政府负有重要的责任，也可发挥十分重要的作用，关键是政府如何定位。如果政府定位准确，则老年照护服务资源就能够得到优化配置，老年照护服务事业就会健康发展。反之，如果政府定位不准确，其责任边界不清晰，则政府或者很累，或者投入虽多但产出很低，甚至引来更多的矛盾。从这几年的实践看，各级政府在老年照护老服务领域投入不少，但其收益、其社会效应并不与之相称。所以，一定要明确政府与家庭、政府与市场、政府与社会的关系，要把政府的责任清晰地加以界定，即要明确政府管哪些事情，管到什么程度。在市场经济条件下，政府在整个老年照护服务体系中的职责，一是直接主导提供基本的老年照护服务；二是通过建立规制，实施监管，并通过一定的政策鼓励和引导民间老年照护服务事业发展，使各类老年人能够得到与自己经济地位和购买能力相适应的个性化的老年照护服务，这种服务来自于民办的老年照护服务机构，包括营利性的和非营利性的。

老年照护服务是一项长期的事业，需要在充分把握未来发展趋势的基础上，制定长远的发展规划，统筹协调各项政策，形成合力，优化资源配

置，提高服务水平和效率。这些年来，尽管各级政府印发了推进老年照护服务体系建设的不少文件，但由于缺乏系统的总体规划，导致政策之间衔接不到位，甚至有不少政策无法落实到位。部分领导干部和有关部门对人口老龄化、高龄化、家庭小型化及由此带来的社会问题认识不到位，尤其是对政府在老年照护服务体系建设中所扮演的角色定位不准，致使实践中政府既有“缺位”，又有“越位”，因而老年照护服务体系建设未能有突破性进展。因此，要根据老年照护服务发展的思路和重点，加强规划和统筹。一要明确老年照护服务在整个经济社会发展中的定位。充分考虑人口老龄化和基本公共服务体系建设的背景，将老年照护服务纳入国民经济社会发展规划。二要明确老年照护服务发展的重点。从国际经验和我国国情出发，要把发展居家养老服务作为重点，并将其纳入城乡社区建设规划。三要根据人口和家庭结构变化趋势，研究机构养老服务需求变化趋势，预测养老机构和床位的总量和结构，制定建设规划，同时，合理布局养老机构的规模和选址，并将其纳入国土利用规划，完善支持老年照护服务发展的土地政策。四要健全财政投入保障机制，对于政府直接提供和通过购买老年照护服务所需的财政经费，需要全额纳入财政预算，并根据老年人数和需求变化建立相应的调整机制，确保稳定增长。

与此同时，要努力创新社会养老服务供给机制。无论是政府直接提供的老年照护服务，还是由民间各类营利和非营利组织提供的老年照护服务，都要讲求效率，都应当采取有效的供给模式。因此，政府主导提供的老年照护服务可以由政府直接提供，也可以通过购买服务的方式，由市场提供。从这几年的实践看，在加强老年照护服务体系建设的过程中，政府主要通过政府部门或其下属事业单位，或通过其直接支持下的社区组织提供养老服务，而通过市场提供的老年照护服务相对较少。总体上看，这样的供给模式有三个方面的缺陷：一是效率不够高，二是公平性受到质疑，三是老年人的选择权受到限制。因此，改革的方向是老年照护服务供给以市场为主。还有一点值得注意，目前政府在老年照护服务领域的资源投入以补供方为主，我认为，应该逐步转变为以补需方为主。经济学理论告诉我们，补需方的效率要比补供方要高，而且更为公平。因此，要学会利用市场机制，要充分发挥NGO、NPO组织的作用，还要积极推行政府购买老年照护服务。

最后，要制定实施养老服务行业规范。随着社会化老年照护服务比重的提高，制定和实施老年照护服务行业规范势所必然。因为家庭养老以亲情为基础，每家每户各有各的生活方式，因而各有各的老年照护服务方式，呈现出多样性和个性化，且很少有社会性的矛盾和争议。社会化老年照护服务方式进入，照护服务的统一性与老年服务需求的个性化之间存在着矛盾，这不仅影响老年人生活质量，而且会增加服务成本，甚至增加法律纠纷，处理不当则有可能成为社会性矛盾。因此，必须制定和实施一套行之有效的行业规范，以确保服务质量、保障老年人权益，并清晰界定养老服务提供者的责任，从而降低其职业风险。一是行业准入规范，包括服务机构准入标准和退出机制，服务人员从业资质等。二是养老机构建设标准，包括设备设施要求、人员配备要求和管理规则等。三是服务规程，包括服务工作流程、服务标准、收费标准等。四是老年照护服务质量评价机制，包括评价指标体系的建立和多维度评价方法的运用。

为此，需要建立社会养老服务行业自律组织，积极协助政府部门，制定行业标准，进行资质评估，开展行业自律，加强社会养老服务机构规范化建设。要积极创造条件，推行养老服务机构ISO9001质量体系认证，切实提高养老服务质量。政府和行业自律组织根据评估结果对居家养老服务和机构养老服务进行分级定位，并向社会公布评估结果，接受社会监督。关于服务质量的评估，应当逐步引入第三方评估，以增强独立性、客观性，提高公信力。

尤其需要指出的是，随着养老服务补贴制度的实施，需要建立服务补贴对象的资格评估机制。这个评估机制包括老年人的资格确认、需求评估和服务项目设计等内容。一是通过建立一套科学的、完整的评估体系，对申请享受政府购买服务的老年人进行资格评估。二是对符合享受条件的老年人进行服务需求评估，即通过日常生活能力（activities of daily living，简称 ADL）或工具性日常生活能力（instrumental activities of daily living，简称 IADL）等科学指标体系判断老年人的日常生活能力，确定其所需的养老服务内容。在此基础上，根据老年人的服务需求和经济状况确定相应的补贴标准。

第三篇

推进医养结合，
提高养老服务质量

以健康老龄化支持老龄社会可持续发展*

王培安
（国家卫生计生委副主任）

一、当前人口形势及对经济社会影响的基本判断

从 1949 年到 1990 年间，中国人口走过了三峰两谷、大起大落的发展轨迹。人口事件是长周期事件，只有这个阶段出生人口的生命周期结束以后，人口发展轨迹才会归于平静，这就决定了 21 世纪中叶以前的人口变化十分剧烈，各类人口问题集中爆发。21 世纪中叶以后，中国人口发展能不能实现内部和外部均衡，取决于目前和今后的生育水平，需要现在就作出正确的决策和引导。

以习近平同志为核心的党中央审时度势，强调坚持计划生育基本国策、促进人口长期均衡发展，先后作出实施单独两孩政策、全面两孩政策的重大决策部署。目前全面两孩政策实施平稳，生育状况与政策调整前的预判基本吻合。当前我国的人口发展，呈现人口总量惯性增长趋势减弱、人口素质稳步提升、老龄化程度有所加深、人口流动迁移活跃、出生人口性别比失衡缓解等特征。这是完善人口和相关经济社会政策，深化人

* 在 2016 年 10 月 11 日第二届中国养老服务业发展高层论坛主论坛上的发言，有删节。

口服务管理制度改革，促进人口长期均衡发展和经济平稳健康发展的有利时期。

（一）我国仍处于有利于经济发展的人口红利期。我国的总抚养比从2010年开始上升，但2030年以前一直低于50%，仍处于人口红利期。目前15—64岁的劳动年龄人口为10亿人，预计2030年为9.58亿人，劳动力总量都是丰富的。劳动力问题主要是结构性矛盾，劳动力素质将成为制约我国发展的瓶颈。未来十几年全国总人口还将继续增长，人口众多的基本国情不会根本改变，人口对经济社会发展的压力不会根本改变，人口与资源环境的紧张关系不会根本改变。人口多了不好，也不是越少越好，人口发展必须与经济社会相适应，与资源环境相协调。这就要求在坚持计划生育基本国策的基础上，适应新形势新使命，不断赋予基本国策新的内涵。

（二）老龄化对经济社会发展的影响是长期、渐进的。从发达国家的发展历程看，老年抚养比超过17.5%后，每升高1个百分点，人均GDP增速会下降0.24个百分点。2020年左右，我国老年抚养比将超过17.5%，届时老龄化对经济增长的影响将进一步显现。从长远看，老龄化将给养老、医疗等带来长期支付压力，影响社会保障制度的可持续性。从国际经验看，长期照料护理应是一项基本公共服务，迫切需要加快实践探索和相关制度设计。

（三）提高人口健康水平是推动经济中高速增长的新动力。在我国经济增长动力转换过程中，提升人力资本的作用凸显。提高全民健康水平将提高工作效率，增加健康工作时间，缓解劳动力数量减少对经济增长的影响。健康服务业快速发展，还将形成新的经济增长点。目前，我国国民健康水平与发达国家相比有较大差距，比日本低7岁，比韩国低5岁。投资于人的健康和教育不仅是投资于社会发展，也是投资于经济发展。

（四）人口流动和家庭结构变化给社会治理带来挑战。我国正面临人类历史上和平时期规模最大的人口流动。人口流动在推动经济增长、缩小地区差距、改变人口分布格局的同时，也带来了很多新的问题。规模庞大的流动人口难以享有流入地的公共服务和社会福利，与当地户籍人口的利益冲突加大。我国家庭规模趋于小型化，传统的养老功能弱化，抗风险能力降低。农村留守家庭数量超过5000万户，失独家庭超过100万户，出生人口性别比长期失衡带来的社会问题开始显现。这些都对政府基本公共服务和社会治理制度创新提出了更高要求。

二、充分认识老龄化社会面临的健康挑战

健康是人类追求的永恒主题，人民健康是经济发展的基石和社会进步的动力。2016年第32次中央政治局集体学习时，习近平总书记指出，要着力增强全社会积极应对人口老龄化的思想观念，着力完善老龄政策制度，着力发展养老服务业和老龄产业，构建居家为基础、社区为依托、机构为补充、医养相结合的养老服务体系，更好地满足老年人养老服务需求。在全国卫生与健康大会上，习近平总书记强调，要把人民健康放在优先发展的战略地位，努力为人民群众提供全生命周期的卫生与健康服务，为老年人提供连续的健康管理服务和医疗服务。李克强总理指出，促进医疗与养老融合，发展健康养老产业。医疗与养老对接，在养老服务中融入健康理念，既满足了广大老年人的养老健康需求，又催生了一个新业态。刘延东同志要求，推动医疗服务与养老、旅游等行业深度融合，促进老年护理、医养结合、健身养生等新产业、新业态发展。

我们党和政府历来高度重视全体居民的健康改善，经过60多年的不懈努力，居民健康水平包括老年人的健康水平，得到明显改善。我国居民的人均预期寿命从1949年的35岁提高到目前的76.3岁，居民健康总体上处于中高收入国家的水平，位居发展中国家前列。传染病对老年人群健康的威胁明显下降，高血压、糖尿病等老年常见病的控制率有所改善。老

年人健康意识不断加强，老年人参与体育活动的积极性显著提高。

同时，我们要看到，人口老龄化和疾病谱变化给卫生与健康事业带来的新的挑战。慢性病患病率高成为影响老年人群健康的主要问题。目前，我国2.22亿老年人中，有近1.5亿患有慢性病，60岁以上老人有2/3时间处于“带病生存”状态。失能和部分失能老年人近4000万，其中完全失能的老年人有1200万，功能减退、同时患有多种疾病等问题将进一步加剧老年人卫生与照护服务的需求和疾病负担。我国的老龄化进程与城镇化、家庭小型化、空巢化相伴随，与经济社会转型期各类矛盾相交织，流动老人和留守老人规模不断增加，越来越多的家庭面临照料者缺失的问题。

我国目前为老年人提供健康养老服务的政策措施、工作基础、体制机制等还存在明显不足，同广大老年人过上幸福晚年生活的期盼还有较大差距，急需建立起适应老年人健康需求的综合的连续性服务体系，进一步建立健全政策体系、标准规范和管理制度，提高老年卫生与健康服务能力，加快培养适应老龄化社会的卫生与健康人才队伍。

三、实现健康老龄化是确保老龄社会可持续发展的重要基础

健康是保障老年人独立自主和参与社会的基本条件，老年人的健康是确保全民健康、全面小康的重要基础。

（一）实现健康老龄化是建设健康中国的重要任务。健康老龄化是指持续性地发展和维护老年健康生活所需的能力和功能，既包括提高老年人的生理健康水平，也包括改善老年人的生活环境和社会支持的状况。以药物、辅助器材等设施帮助健康状况不佳的老年人参与社会活动，也是健康

老龄化的一种具体体现。实现健康老龄化，需要从生命全程的角度，从疾病预防、健康管理、医疗救治、康复护理以及安宁疗护等多环节入手，对所有影响健康的因素进行综合、系统的干预。

（二）实现健康老龄化是积极应对人口老龄化的重要举措。老龄社会将成为人类社会的常态，只要生育率仍然保持在更替水平以下，人均预期寿命继续延长，老龄化进程就不会改变，其影响深刻而深远，将给经济社会发展带来诸多挑战。只有采取切实有效的应对措施，才能将问题转化为机遇。实现健康老龄化，延长老年人的健康预期寿命，改善老年人的生活质量，可以更好地满足老年人的健康养老需求，最大限度地抵消老龄化给社会带来的消极影响，促进社会和谐稳定。

（三）实现健康老龄化是促进经济社会持续健康发展的创新举措。人口老龄化在给社会保障和服务体系带来挑战的同时，也为健康养老产业带来了新的发展机遇。针对老年人口的健康需求，加大对卫生和健康养老服务体系的投入，不是单纯的消费，而是一种投资，是对健康的长期投资。投资于健康，从长期来看，是为减少老年人因疾病带来的经济损失，减轻家庭成员的照料负担，创造更多的社会价值的前提条件，同时也是适应当前经济新常态的重要经济增长点。发展包括医养结合在内的健康养老产业，可以盘活现有健康和养老服务资源，引导社会力量积极进入，市场潜力大，社会参与性强，可以扩大就业，拉动经济增长。

四、扎实推进医养结合，促进实现健康老龄化

面对严峻的人口老龄化形势，党中央、国务院高度重视老龄事业，国务院先后印发文件，相关部门出台一系列政策措施，不断加强政策支持和引导，充分调动社会力量，多措并举发展医养结合、老年康复护理等健康

养老服务。国家卫生计生委牵头医养结合工作，大力推进健康老龄化系列工程。

（一）推动印发并组织贯彻落实医养结合指导意见。我委联合民政部、发改委、财政部、人力资源社会保障部等部门，开展广泛深入调研、专题论证，多次修改完善，报请国务院办公厅转发了《关于推进医疗卫生与养老服务相结合指导意见的通知》，并联合召开工作会议、办培训班等，明确部门责任分工，督促各地抓紧出台具体落实措施。

（二）印发机构许可通知，打造“无障碍”审批。我委联合民政部印发《关于做好医养结合服务机构许可工作的通知》，要求各地民政、卫生计生部门进一步落实部门责任，按照首接责任制原则，及时办理，不得将彼此审批事项互为审批前置条件，不得互相推诿，为举办医养结合机构的申请人提供便捷服务。

（三）遴选国家级试点，探索可复制的工作模式。我委联合民政部已先后确定北京市东城区、山东省青岛市等 90 个地市作为国家级医养结合试点单位，争取通过先行先试，探索建立符合国情的医养结合模式，出台一批可持续、可复制的政策措施和创新成果。

（四）科学研判，谋划长远。我委在《健康中国建设规划》《医改“十三五”规划》《卫生与健康“十三五”规划》中都将老年健康作为重要内容纳入其中；在医疗卫生服务体系规划纲要、慢病防控、癌症防治等专项规划中也重点关注老年健康需求，突出强调医养结合；还专门制定了《健康老龄化“十三五”规划》，以实现健康老龄化为长期目标，从加强医疗保障体系建设、推进老年卫生保健宣传教育、全面开展老年疾病预防工作、健全连续的老年医疗与康复护理服务体系、积极发展老年健康产业、加强人才队伍建设、发展中医药健康养老服务七个方面，提出了未来五年加强和完善老年健康服务体系的目标、任务和重点工程。

（五）完善政策配套体系。为规范老年相关医疗服务机构建设与管理，我委相继印发了《综合医院康复医学科基本标准》《康复医院基本标准》

等，修订《护理院基本标准（2011 年版）》，并制定印发了《养老机构医务室基本标准（试行）》和《养老机构护理站基本标准（试行）》，支持养老机构设置医疗机构。同时，制定了《护理员培训大纲》《老年常见综合征护理规范》《老年人家庭保健与照护指南》等系列服务标准及规范，并明确将符合条件的养老机构内设医疗机构纳入新农合定点范围，加快推进家庭医生与老年人签约服务。

五、抓住机遇，协调推进老年健康事业发展

党的十八届五中全会提出“创新、协调、绿色、开放、共享”的新发展理念，作出了“推进健康中国建设”的重大决策。老年健康工作要以新发展理念为主线，强调以人的健康为中心，对影响老年健康的全局性、根本性问题采取有效干预措施。当前的老年健康工作发展还处于起步阶段，需要充分发挥政府、市场和社会的作用，创造良好的政策环境、发展空间和社会氛围，推动实现健康老龄化。

（一）科学研判形势，积极做好政策储备。对于我国的老龄化问题，需要以科学的态度加以判断，既不能消极等待，也不用过度忧虑。我国老龄人口将在 2021—2035 年（即“十四五”后）迎来第二次增长高峰。总体看，“十三五”时期是老龄化两个增长高峰期之间的低谷。当前正是积极进行制度设计、完善政策、健全保障机制和服务体系的有利时机。我们将联合发改委、民政、财政、人力资源社会保障等部门，进一步加强政策衔接和制度融合，健全沟通协作机制，推动形成适应医养融合发展的政策环境。

（二）加强科学研究，推进科研成果的转化应用。我国的老龄化进程较快，相关政策措施、制度服务还难以满足需求。希望理论界和实践界的

各位同仁，进一步深入研究，在充分借鉴国际经验并结合现实国情的基础上，从不同角度提供积极的政策建议和有效的模式经验。同时，不断拓展和深化研究领域，加强与产业界之间的合作，实现产学研相结合，将科研成果尽快转化为满足需求的产品和服务。

（三）充分发挥市场机制作用，培育壮大老年健康产业。当前，社会各界都广泛关注人口老龄化问题，政府搭建平台、社会力量积极参与的良好态势逐渐形成。需要进一步坚持政府引导、市场驱动的原则，鼓励和支持社会力量开展医养结合服务。政府部门需要给民间资本进入老年健康产业提供更加宽松、有利的政策环境和支持举措，包括在投融资、财政税收、土地使用、合理定价等方面进一步明确相应的支持政策等，鼓励和支持社会力量发展健康养老服务。同时，希望各方面进一步加强市场调研，结合我国老年人的需求特点，以机构、社区、居家等多种形式为老年人提供所需的适宜的医养结合服务及产品，形成一批有规模、经济社会效益显著的产业集群。

（四）充分重视老年人社会参与，创建老年友好社会。老年人是其自身健康的主体，健康老龄化的目标只有通过老年人的积极参与才能实现。研究表明，老年人积极参与社会活动，对于提升其健康水平具有重要作用。我们需要进一步加强宣传倡导，充分发挥老年人经验、智慧、体力、社会、精神等方面的潜能，鼓励老年人按照自己的权利、需求、爱好、能力积极参与社会活动，保证老年人能够得到充分的保护、照料和保障，不断提升老年人的健康水平和生活质量。

（五）积极构建家庭发展支持体系，增强家庭养老功能。全面两孩政策实施后，很多家庭面临着抚育幼小和赡养老人的双重压力。需要建立完善包括生育支持、幼儿养育、青少年发展、老人赡养、病残照料等在内的家庭发展政策，鼓励广大家庭按政策生育，为家庭养老提供服务支持。推动医养结合服务延伸至社区、家庭，以定期体检、上门巡诊、家庭病床、社区护理等形式，为老年人提供连续性的健康管理服务和医疗服务。提高基层为居家老年人提供上门服务的能力，规范服务项目和标准。加强对家庭成员的信息支持和技能培训，开展有针对性的生活照料、家庭保健、照顾护理、精神慰藉、紧急救援等活动，增强老年人独立生活能力，提高居家照护能力和水平，为居家养老创造更适宜的家庭和社会环境。

着力促进医疗卫生服务与居民养老需求的有机融合*

郑功成

（中国社会保障学会会长、中国人民大学教授）

人均寿命的不断延长是衡量一个国家或地区经济社会发展进步最具综合意义的指标，但老龄化却是政府与社会必须妥善应对的挑战。在我国老龄化进程速度快、规模大、影响全面而深刻的背景下，只有充分调动政府、市场、社会、家庭及个人四个方面的积极性，积极推进以居家养老服务为基础的多层次养老服务体系建设，重塑养老服务领域中的资源配置机制与格局，着力促进医疗卫生服务与居民养老需求的有机融合，才能真正做到科学应对、综合应对。全社会都应当提升对老年人群体的关注度，社会保险应当追求全国制度统一，而养老服务则需要因地制宜，理论研究者、政策制定者、养老服务业实践者均需要以尊重老年人的意愿为出发点，并以是否满足了不同阶层、不同诉求的老年人群体的需求为评估政策得失的基本标尺。

* 在 2016 年 10 月 11 日第二届中国养老服务业发展高层论坛开幕式和分组讨论上的发言。本文根据两次发言内容整合而成。

一、社会保险要强调全国高度统一，但是养老服务一定要因地制宜

新中国成立以来，我们国家的建设与发展取得了巨大的成绩，但仍然存在明显的地区差距和城乡差距。发展差距不仅决定了养老服务需求的差异性，也直接影响养老服务的供给能力，发达地区和落后地区就不可能搞成一样的养老服务。同时，我国地域辽阔、多民族聚居，不同地区还存在着文化差异。如北京的老人进养老机构养老，老人自己、子女家属都能接受。但在中西部地区，甚至我们调查过的广东客家人聚居的地区，很多老人及家属都还不能接受老人去养老机构养老。所以，在北京地区适应老龄化需要多建一些养老机构比较适合，但在中西部地区就不能照此办理。我在新疆调研时也发现，南疆地区的维吾尔族群众世世代代聚居在一个个戈壁滩上，都是大家庭，邻里之间、亲友之间互助照顾习以为常，即使村中有孤寡老人，也能够得到相应的照顾，当地从干部到群众都反映不需要建设养老院，但希望国家能够以别的方式给予支持。因此，我国的养老服务一定要因地制宜。同时，兴建养老机构也有讲究。有的老年人愿意住到北京郊外，有的就要住在社区，就是生活质量下降也要住在自己熟悉的社区，这就是老年人的养老意愿，这种精神诉求应当得到尊重。所以，我一再强调养老服务的发展要因地制宜，要尊重老年人的意愿，还要尊重区域之间、民族之间的文化差异。

二、养老服务的政策制度和实际执行都要尊重老人的意愿

很多有作为的地方政府，都在探索养老服务究竟解决老人的什么问

题。我的个人意见，就是要尽力满足老年人的养老需求，也就是发展养老服务一定要在深入调查并了解老年人意愿的条件下进行，只有充分尊重老年人的选择，养老服务才能成为受欢迎的社会事业。在实际工作中，虽然不能说唯老年人“意愿至上”，但起码要尊重老年人的意愿。我们的理论研究者在研究工作中也缺乏这一点，要经常问一问自己，是不是以老人的意愿为出发点开展研究？作为政策制定者，是不是了解老年人的意愿？我们养老机构实践者，是不是真正征求了老年人的意愿？是否符合老年人的意愿，应当是评估养老服务政策以及政策效应最重要的指标。我到一些地方敬老院开展调查研究，发现有些地方政策要反思。比如，农村满 60 岁的孤寡老人即达到“五保”政策要求，只要进养老机构即敬老院，不仅给“五保”待遇，还有低保待遇。但有的“五保”对象虽满了 60 岁，但身体很健康，不愿意被供养，却也被收进敬老院，不去敬老院就没有进了敬老院的老年人的相应待遇。我有一次湖南湘西搞养老机构调查，到当地一家敬老院去，参观完后，一个老人跟着我，偷偷告诉我，希望我能够帮助打个招呼，让他回农村原来的居住地去。我问他为什么想回家去？这里条件不好吗？他说敬老院每个房间必须住两位老年人，跟他同住的老人每晚打呼噜，他来这里半年多了没有一晚上睡过整觉，备受折磨。我说你给敬老院反映啊。他说别人都不愿意跟这个老人住一屋，调换不了，他又不可能住单间，再加上现在自己还完全能够劳动，所以要求回去。我把敬老院院长叫过来，问能不能让那个老人回家去呢？院长说不能回家去了，他家的承包地、房子等已经收归集体了。回来后，我一直惦着这个老人。他还很健康，还要活几十年，晚上睡不着觉的折磨还要多久才能解决？虽然敬老院里吃得好，也有彩色电视机可看，但我想，他肯定一天到晚还是想回家去。我举这个例子，就是要说明，对养老服务来讲，养老意愿是带有个性化的，即使再好的政策，具体到每一个老年人身上都可能获得感并不一样，因此，评估养老服务政策好坏，要看能不能尊重老年人意愿，能不能尽可能满足老年人的个性化需求。

三、要大力发展居家养老

根据现行的提法，我国的养老服务体系由居家养老、社区养老和机构养老等三个部分组成，这在“十二五”时期发展规划里面提到多次，并强调机构养老为支撑，将机构养老摆在非常突出的位置。在“十三五”国家发展规划中，终于明确了“居家为基础、社区为依托、机构为补充、医养相结合的养老服务体系”。从重视机构养老到以居家养老为基础，表明了我国养老服务体系是尊重绝大多数老年人居家养老的现实情况和大部分老人都将居家养老视为当然选择的新政策取向，但这并不意味机构养老没有必要。因为机构养老面向更多的是失能老人、高龄老人。当然，有的失能老人不愿意进机构养老，愿意在家里养老，我们的政策也应该支持，并且要为失能老年人居家养老创造条件、提供条件。这也是养老服务落实以人民为中心的出发点的具体体现。所以，我认为社会保障里面必须注入人文关怀的情怀。

前两天，我跟一个经济学家讨论北京老年人如何利用原有社区养老。这位经济学家告诉我，他有一个好主意，就把市内的老人都搬到六环以外的郊区去，那里生活便宜、自然环境好，然后就可以把城里的房子置换出来，还可以带动郊区的发展。我说你的主意很好，确实多方得益，缺点就是把老人当成了一件可以随便安置的东西，而老年人恰恰不是一个可以随便安排的物件，而是有饱满精神诉求的人。很多老人，哪怕失能、半失能了，也愿意待在自己的家里，因为在那里生活了几十年，那里的环境就是其生活的必需品。所以经济学家想的主要是经济问题。我要强调的是尊重老人意愿的问题。大多数老人愿意居家养老，所以居家养老应当是我们政策支持的重点。首先要把居家养老解决好了，再想办法解决那些不能居家养老的老人的养老问题。

四、养老服务要推进医养结合

国家出台关于医养结合养老服务政策的时候，我跟有关部委的领导说，千万不能搞成医院办养老院，或者养老院办医院，这都不是医养结合。真正的医养结合，应该是两种服务的“自由恋爱”、互利组合，而不行政强制、搞“拉郎配”。医养结合也不能搞行政性的推进。我们应该支持有机融合，甚至包括餐饮业，一定要利用市场机制、社会机制，这样才是有机融合。如果养老院很大，办一个医院未尝不可，但是所有的养老院都能办得过来吗？养老院办一个医院，就不需要其他医院了吗？这是做不到的。老年慢性病，主要是养的问题，不是医的问题。医也不能够在机构就有医，在居家养老就没有医。要强调两种养老服务的融合。

刚才我也谈到了，老年人养老意愿是个性化需求，机构要满足老年人的所有愿望，这是不可能实现的。我曾经不止一次到日本去访问调研养老服务。日本的经验表明，养老机构应该自动吸引医疗机构、餐饮店互利合作。在我国，养老机构跟社区公共卫生服务中心开展协作，都要政府出面，还要民政系统和卫生部门协调。我到日本东京调研时，发现养老机构连食堂都没有，都是就近的按照标准餐饮店配餐、送餐，也没有配备专门的医生，而是当地民办医院自动跟进提供服务，这些都建立在自愿合作互利的基础之上，政府乐观其成并给予一定的支持。只有这样，才能够充分调动各方的积极性，同时使各方的负担或压力得到减轻，进而实现效率最大化，这种效益绝不是政府包办出来的。所以，推动医养结合养老服务，就应该是养老机构和医疗机构搞“自由恋爱”，应该是有机地融合，而且是相得益彰，共同发展。

我们这次高层论坛，聚焦医养结合这一主题，就是想适度影响一下这个事情的发展，不要走歪了。医养结合养老服务，不同层次有不同层次的结合方式，不同对象有不同对象的结合方式，应该把这个问题讨论清楚，这样才能够真正为老年人造福。我国社会养老服务业的发展，需要政府、社会、市场、家庭、机构等多方共同发力，需要多层并进，但是要以失能老人为重点。医养结合养老服务的形式也应该是多种多样，应该是养老和医疗的功能互补。

最后，我还要强调的是，养老服务是对人的服务。希望我们在制定政策和组织实施的过程中，一定要检视是否符合人性化的原则，这样才能够使我们的养老服务业真正获得健康持续的发展。

以“互联网 +”推动医养结合养老服务*

陈俊宏
（第十二届全国政协委员、人民日报原副总编辑）

很高兴参加医养结合的高峰论坛。这个论坛，是为了解决老年人最大的也是人生最后的愿望，概括起来就是九个字：治好病、保健康、盼长寿，所以意义重大而深远。借这个机会，我就发展“互联网 +”推动医养结合养老服务，谈一些个人的想法。

一、发展“互联网 +”养老，势在必行

我国已经进入人口老龄化社会，60 岁以上老人占全国总人口 16%多，老龄人口规模还在扩大，需要我们积极应对。大家也知道，我国已经是世界上第二大经济体，人均 GDP 达 8000 美元，这是了不得的数字。可以说有实力也有能力解决老年人养老问题。党和国家这方面已经作出了一系列的部署。同时，我国已经成为互联网大国，网民数量、网络交易额已稳居全球第一，新型技术产业和互联网企业进入了世界前列，为“互联网 +”养老提供了基础条件。如果说互联网势不可当，“互联网 +”养老则势在必

* 在 2016 年 10 月 11 日第二届中国养老服务业发展高层论坛上的主题发言，根据录音整理并经本人审阅修改。

行，“互联网 +”养老有助于创新养老服务方式，提高养老服务水平，促进养老业健康持续发展。套用一句话，发展“互联网 +”养老，扬帆远航正当时。

二、发展“互联网 +”养老，意在创新

互联网本来就是创新的成果，又已成为推进创新的动力。“互联网 +”养老就是互联网与养老服务业进行深度的融合，创建养老服务业新的发展形态。我认为，新的养老发展形态至少包括两大方面：一个是包括一个核心目标和四大运行机制。一个核心目标就是充分运用互联网功能，连通方方面面，让老年人得到更方便、更及时、更精准的照顾和服务。四大运行机制，一是充分应用互联网载体，连接医疗餐饮、保健、看护、护理、心理咨询等方面，为老年人养老提供规范化、人性化的服务，形成养老服务联动机制。二是充分应用基于移动互联网和居住状态建设、走动区域定位等提供全天候、全方位帮助，形成养老服务健康机制。三是充分应用互联网平台，围绕服务需求，引导社会资金，捐助养老服务业，总结养老服务新兴经验，形成养老服务援助机制、联动机制、监控机制。四是应用互联网特性，线上线下及时沟通，政府部门、社会组织、养老机构多层次、多维度共同来解决老年人养老中的实际问题，形成养老服务协调机制。一个核心目标和四大运行机制，应该成为“互联网 +”养老比较成熟的状态。

三、发展“互联网 +”养老，重在落实

2015 年 7 月国务院下发《关于积极推动“互联网 +”行动的指导意见》，确定实施“互联网 +”行动计划，引导新一代信息技术革命深度融合。该指导意见专门针对养老服务业提出，要引入互联网资源和社会力量，以社区为基础，搭建养老信息服务网络平台，提供健康管理、康复等居家养老服务；鼓励养老服务机构应用基于移动互联网的体验，提高养老服务水平。这就为发展“互联网 +”养老指明了正确方向和具体路径。

常言道，万事开头难。依我看，难就难在一开始就要真抓实干，务求时效，任何事情都是这样。只要我们认真贯彻国务院的指导意见，政府部门、社会组织、养老机构、相关企业、民间力量等，形成合力，共同推进，就一定能够开创“互联网 +”养老的新局面。

四、发展“互联网 +”养老，贵在示范

多年来，中国红十字会总会事业发展中心致力于养老服务的创新，取得可喜可贺的成绩。近年来事业发展中心又启动“互联网 +”养老行动计划，加强与互联网企业和相关行业的合作，在“互联网 +”养老方面取得了很好的带头和示范作用。2015 年我在养老标准化、规范化等方面提了一些建议，事业发展中心推进落实做了很多成绩，现在带头启动“互联网 +”养老行动计划，这个带头作用、示范作用很珍贵，所以贵在示范。我建议，国家对在“互联网 +”养老方面做得优秀的单位，应该给予一定荣

誉称号或奖励，使其成为养老服务领域的排头兵、示范点，推动整个“互联网+”养老不断扩大，进而推动整个养老服务业的持续健康发展。

推动医养融合发展养老模式的思考与体会*

江　丹
（中国红十字会总会事业发展中心主任、
中国老龄事业发展基金会副理事长）

今天，我们与中国社会保障学会、北京医院合作，共同举办第二届中国养老服务业发展高层论坛，主题是“医养融合、关爱老人”，为的是总结养老服务特别是医养结合的典型案例和成功经验，动员社会各界力量进一步关注和参与养老服务业。这就为大家搭建一个相互学习、交流互动的平台，汇聚众智、群策群力，为党和政府制定养老政策建言献策，为推动中国养老服务业健康快速发展作出积极贡献。下面，我结合事业发展中心开展医养结合养老服务的实践历程、经验做法，谈谈推动医养融合发展养老模式的思考与体会，与大家交流和分享。

一、医养融合发展是今后养老服务业发展的必由之路

（一）我国人口老龄化形势严峻，老人健康状况不容乐观。目前，我国 60 岁以上老年人口已达 2.2 亿人，占总人口的 16.1%；其中失能、半

* 在 2016 年 10 月 9 日第二届中国养老服务业发展高层论坛开幕式上的发言，有删节。

失能老年人约3750万人，占总人口的2.8%。据2016年《北京养老产业蓝皮书》公布，在健康方面，近八成老年人有各种健康问题，老年人中患有慢性病的比例高达74%。可见人口老龄化速度快、规模大，养老问题特别是“长寿不健康”问题在我国尤为突出。做好养老服务，是全面建成小康社会的内在要求，是保障和改善民生的重点任务。让老人健康长寿，安享幸福晚年，已成为迫切需要解决的重大问题。

（二）现有的养老服务无法满足老人的就医需求。随着我国人口老龄化的加剧，医疗对于养老服务业的重要性日益凸显。一个完善的养老服务体系，不仅要提供快乐幸福的生活环境，也要提供完善的医疗服务。但是我国的养老服务业尚处于初步发展阶段，实现“老有所养、老有所医”的养老目标还非常严峻。现有的养老服务机构普遍与医院等医疗康复机构存在空间距离，无法满足老人的就医需求。而老年人晚年最关心的是身体健康，做儿女的最希望的是父母健康长寿。“看病的地方不养老，养老的地方看病难”，是目前我国医疗和养老的现状，“医养结合”就成为中国养老服务业发展的必由之路。“医养结合”不仅是提升老年人生活质量，实现老有所养、老有所医的有效途径，更是积极应对人口老龄化战略的重要举措，发展养老服务业和健康服务业的重要任务。

正是为了解决以上问题，党和政府采取了一系列有效措施，积极推动医养融合发展。近几年，国务院及民政部、卫计委等有关部委先后颁发一系列重要文件，其中有7个都涉及医养融合发展的问题。《关于加快发展养老服务业的若干意见》和《关于促进健康服务业发展的若干意见》，明确提出要积极推进医疗卫生与养老服务相结合，推动养老服务业的健康发展。2015年国务院办公厅转发《关于推进医疗卫生与养老服务相结合指导意见》，提出到2020年，所有养老机构能够以不同形式为入住老年人提供医疗卫生服务，基本适应老年人健康养老服务需求。

在2016年8月召开的全国卫生与健康大会上，习近平总书记指出，“没有全民健康，就没有全面小康”，强调要把人民健康放在优先发展的战略地位。8 月 26 日，党中央政治局审议通过《“健康中国 2030”规划纲要》，提出以人民为中心的发展思想，坚持健康优先，把健康融入所有政策，全方位、全周期保障人民健康，推动健康中国建设。该纲要特别强调，要突出解决好妇女儿童、老年人等重点人群的健康问题，这为我们探索和发展医养融合养老模式指明了方向。

二、红十字公益组织推动医养融合发展的探索与实践

中国红十字会是党领导下的公益组织，是弘扬人道主义的社会救助团体。长期以来，中国红十字会总会事业发展中心发扬“人道、博爱、奉献”的红十字精神，致力于养老、教育、救助等公益事业，为我国的社会建设和人民幸福积极贡献力量。早在 2009 年，事业发展中心就开始探索“医养结合”的养老服务模式，把“医养结合”的理念贯穿于养老服务中，形成了“人文关怀、医养结合”的曜阳养老品牌特色。

（一）在养老机构中设立医疗机构。“扬州曜阳”“北京曜阳”和“富春江曜阳”等老年公寓分别与苏北人民医院、中国武警总医院和复旦大学附属华山医院共建了“扬州曜阳康复医院”“北京曜阳老年医院”和“富春江曜阳老年医院”，为入住老人提供全方位的医疗、康复、保健和养生服务，并与多家三甲医院合作建立双向转诊制度，开通无障碍急诊急救绿色通道。另外，在“曜阳托老所”，我们配置了“健康小屋”，为社区老人提供健康体检、保健咨询等服务。

（二）探索建立曜阳护理院。中心在“济南曜阳”老年公寓探索建立医养结合一体的曜阳护理院。“济南曜阳”吸收了欧洲养老理念，设备设施均按照医护失能老人标准进行配置。每层楼设置护士站，招聘具有专业资质的医护人员，对老人实施 24 小时的巡诊、看护，保障老人医护需求。

（三）建立医疗管家服务制度。为给入住老人提供人性化、个性化的生活料理和医疗护理服务，“扬州曜阳”以楼层为单位，每个楼层设一名“曜阳管家”，由具有专业资质的医护人员担任。管家对本楼层的所有老人定时进行医疗巡护，协调医疗、餐饮等部门制订有针对性的养护方案，全面掌握老人健康动态，填写养护日志。

（四）社区医疗与居家养老相结合。扬州曜阳养老服务中心与辖区内各个社区卫生服务中心合作，开设家庭病床，向社区居民提供常规健康检查、专业护理和医疗康复服务，并且与当地权威医院合作，定期在各个社区轮流开展义诊活动和健康讲座。

“医养结合”的养老模式不仅解决了养老机构入住老人的医疗需求，而且解决了医院出院老人在回到社区过渡期的临床护理需求，同时对周边社区居家养老的老人也发挥了养老机构的医疗服务支撑作用。截至目前，曜阳养老机构累计公益入住老人超过 1000 人，举办健康养生讲座 100 余场，开展义诊活动 120 余次，为入住老人及周边社区老人提供诊疗服务 1 万多人次，得到老人们的普遍认可。

“医养结合”发展也面临诸多困难和制约因素。比如，养老机构建设与发展资金不足，不能获得医疗机构身份，不能纳入医保定点单位；失能老人医疗看护费用攀升，医疗支付困难；老年医疗护理的专业人才严重缺乏等问题，则成为各类医疗型养老机构遭遇的共同瓶颈。

三、不断探索推动医养融合发展的新方法和新路径

在“医养结合”养老模式的探索与实践中，我们深深体会到：医养结合所体现的是健康养老服务，健康养老服务是一个涉及医疗保健、心理健康咨询、托管托养等方面的系统工程。“医养结合”实质上是对养老资

源和医疗资源的整合，不是简单的“养老院＋医院”，更多地要体现在健康养老服务方式和服务内容上。因此，我国养老服务业的发展，任重而道远。

（一）坚持走符合国情的医养融合发展之路。当前，我国高龄、空巢、失能、失独等特殊群体老人高达1.56亿，他们中多数是半自理和不能自理的老人，身患各种疾病，很难享受到专业的生活照料和医疗护理。但是，养老机构的风险回避，造成机构养老市场涵盖人群出现结构性失衡，最需要入住养老机构的失能老人却被排斥在市场之外。这些特殊老人的养老服务，公办养老机构只能起到“托底”的作用，社会组织特别是公益性社会组织应重点关注他们，为他们提供公益性供养、护理服务，让他们感受到到社会温暖，共享经济社会发展成果。

事业发展中心于2013年启动了“曜阳关爱失能老人行动”公益项目，协助政府专门面向失能老人提供专业化、个性化的养老服务。目前已在江西、陕西等省（区）的革命老区和贫困地区，与相关单位合作共建了70余家曜阳托老所，为近千名入住的失能老人提供公益性的医疗护理和生活照料。此外，我们在贵阳市设立曜阳养老服务中心，有床位266张，工作人员200人，启动了“曜阳关爱 · 温暖到家”公益活动，每年将免费为贵阳市居家养老老人提供超过1000万元的医疗养老服务。但是该项目所需资金主要依靠社会捐助，远远达不到推广普及的要求。希望政府能够将养老专项医疗资金列入年度财政预算，加大政府购买服务力度，通过社会组织和养老机构为特殊困难老人，尤其是居家养老的老人，提供“医养结合”养老服务。

（二）开展智能化“医养结合”试点工作。当前，互联网与各领域的融合发展，已成为不可阻挡的时代潮流，对经济社会发展产生着战略性和全局性的影响。2015年7月，国务院印发《关于积极推进“互联网+”行动的指导意见》，明确了“促进智慧健康养老产业发展”的目标任务，把智慧养老上升到国家战略层面。推动互联网与老龄产业的融合发展，大力发展“智慧养老”，具有广阔前景和无限潜力。

近年来，事业发展中心以社区为基础，搭建养老信息服务网络平台，用智能化手段在“医养结合”方面进行了有益探索。扬州曜阳养老服务中心，开通了“12349”服务热线，配置“健康小屋”，为居家养老老人提供免费的常规身体检查，建立健康档案，对老人健康进行动态监控和跟踪服务。同时，通过扬州智能化养老服务信息平台，把专业化、个性化的健康养老服务送进社区和家庭，打通居家养老服务“最后一公里”，推动医养结合从“概念”到“落地”。此外，整合高端医疗资源，为基层养老机构提供远程医疗服务。2016 年 8 月 29 日，我们与北京医院签订合作协议，将在北京曜阳国际老年公寓共同创建“国家老年医学中心医养结合示范养老院”，努力探索“医养护三位一体”的医养结合服务模式。

（三）加快打造“医养结合”专业团队。目前，我国专业护理人员较为缺乏，无论是养老院内设医疗机构，还是部分一、二级医院转型为护理机构，具有执业资格的医师和护士都严重短缺。社会对养老机构和医疗卫生机构中的医护人员不能同等看待，造成养老院招人困难，“医养结合”所需的医师和护理人员更为紧缺。2016 年 7 月，民政部、国家发展改革委印发《民政事业发展第十三个五年规划》，已将推进养老服务专业教育和培训体系建设、医护型养老服务人员培养工程纳入“十三五”的工作规划，给养老服务业的发展带来希望。

多年来，事业发展中心始终把养老服务人员和乡村医生作为培训重点，努力提升基层养老机构和医院的管理、服务水平以及从业人员的综合素质。从 2012 年至今，我们共举办曜阳养老服务培训班 12 期，累计培训全国 500 多家养老机构的护理人员、院长超过 2000 人次；先后在新疆（兵团）、广西、贵州、海南和云南等省（区）的少数民族地区举办全科乡村医生培训班 6 期，累计培训 600 多名乡村医生。2016 年，事业发展中心与承德市委市政府合作，共同筹建“京承国际健康产业园”，其中的一个重要板块就是兴建健康大学，创建全国养老人才培训基地，培育养老护理方面的专业人才。但是，相对整个大环境，这只是杯水车薪，还满足不了养老服务需求。我们希望国家尽快出台对老年医护从业人员的职业资格认证、职业技能培训等规范性管理政策和措施，并设计与养老护理人员劳动付出相符的薪酬体系，努力留住从业人员，并形成较为丰富的养老服务人力资源储备。

（四）抓紧建立长期照护保险制度。养老的另一个难题是健全养老支付保障体系问题。我国老人的整体收入偏低，尤其是失能、患病、高龄老人支付能力非常有限，即便建成“医养结合”的养老机构，受制于“支付不起”的因素，还是无法纳入整个基本养老服务体系中。由于养老不属于“医保”项目，因报销金额和住院时间的限制，使得有些康复期较长的老年患者不停地出院转院，或压床不出院，造成医疗资源的浪费，对老人的健康也造成不利的影响；异地报销制度不健全，致使部分入住老人无法享受医保报销；医养结合型的养老服务机构的收费标准及医保运行方面也缺乏统一性。希望我国的医保政策作相应调整，尤其要对需要中长期专业医疗服务的特殊困难老人的医养结合服务留有空间，并建立健全异地报销政策。

根据我国老年社会追踪调查详细解析，我国近11%的老人处于轻度失能和中度失能，2%的老人为重度失能，而这一群体还在不断扩大，失能老人长期照护问题日益突出。这些需要长期生活照料和医疗护理的失能、半失能老年人多数是经济困难群体，大多无法依靠养老金来支付长期护理费用，其生活质量伴随失能程度而下降。而直接影响支付能力的是缺少专项用于老年人的长期护理保险费用。因此，建议借鉴德国、日本、韩国等国家的经验，尽快建立长期照护保险制度，进一步减轻老人养老后顾之忧。

莫道桑榆晚，为霞尚满天。大力开展健康养老服务，实现老有所养、老有所医是事关我国亿万老人福祉的重要民生问题。我们衷心希望，第二届中国养老服务业发展高层论坛的成功举办，能够在全社会凝聚起广泛共识，吸引更多的社会力量参与健康养老服务，做到事业和产业并举，大力推动“医养结合”的养老服务业蓬勃发展，为推动健康中国建设，实现中华民族伟大复兴的“中国梦”，作出应有的贡献。

实现医养结合的几个关键问题*

齐海梅
（卫生部北京医院老年医学部主任医师、
中央保健委员会会诊专家）

习近平总书记对加强老龄工作作出重要指示，有效应对我国人口老龄化，事关国家发展全局，事关亿万百姓福祉，要立足当前，着眼长远，加强顶层设计。为全面贯彻落实学习习近平总书记的重要指示，需要大力推进养老服务业的发展，而推进养老服务业的发展，关键是实现医养结合。这是我国 2.2 亿老年人最为关心的问题，为此国家近期出台了一系列重要政策。

如何实现医养结合？我们认为要解决以下五个问题。

一、以系统思维，推进老龄医疗养老服务体系建设

老年医疗服务是一项系统工程，涉及很多方面，需要从实际出发，统筹谋划。当前这项工作虽然取得阶段性的成果和进展，但存在碎片化、不成体系的问题，特别是医养结合，作为庞大的社会系统，具有鲜明的整体

* 在 2016 年 10 月 11 日第二届中国养老服务业发展高层论坛主论坛上的发言，根据录音整理，并经本人审阅修改。

性、关联性、层次结构性、动态平衡性、开放性和持续性特征。当前深化医疗卫生体制改革已经步入深水区，在全面深化老年医疗卫生改革服务中，各项工作、各类要素相互交织。只有坚持系统思考、科学统筹、协同配合，把推进理论创新、制度创新、科技创新以及其他各方面的创新有机结合起来，形成良性互动的强大合力，才能将老年医疗卫生服务改革事业顺利推向前进。因此，迫切需要国家和政府站在全局的战略高度，大手笔地推进和统领老年医疗服务领域改革，大力加强老年医疗与养老服务治理体系建设的顶层设计，紧紧抓住老年医疗服务体系这个关键问题，重点突破，对现有老年医疗服务体系的结构进行重组和优化，并借此全面推进老年医疗服务领域深化改革。过去的经验和教训使我们认识到，体系问题是老年医疗服务综合治理中带有根本性和全局性的问题；抓住了体系问题，就能带动体系内各项改革，就像人体骨架和肌肉之间的关系，肌肉必须服从骨架之上，只有先搭好老年医疗服务体系的制度框架，才能构建老年医疗服务体制和各项机制的运行。

二、以深化医药卫生改革，推进养老服务业发展

当前我国养老和医疗服务中，医疗卫生和养老服务彼此相对独立，看病的地方不能养老，养老的地方看不了病。为了解决这个难题，2015 年国务院出台了《关于推进医疗卫生和养老服务相结合的指导意见》，提出了推进医疗卫生与养老服务相结合的发展目标、重要任务、保障措施、组织实施等，这为我们推进医改和养老事业指明了方向。

以往，我们对养老医疗体系理论认识和理解比较狭隘，表现在：更多侧重老年常见病治疗这一老年医疗服务中的中段环节，相对忽视了老年疾病的预防、早期诊断、康复等老年医疗服务的前段和后段；更多侧重建立

健全综合医院老年病科以及专业老年病医院或老年医疗服务机构，相对忽视了家庭照料、基层医疗卫生以及接续性医疗等基础性、辅助性老年医疗服务机制；更多侧重各级各类医疗卫生机构的作用发挥，相对忽视了养老机构中加强医疗卫生服务；更多侧重西医医疗服务体系建设，而相对忽视了发挥中医预防保健等特色优势，等等。

我们认为，医养结合关键点在“医”，这里的医不是单纯的医疗，“医”代表什么呢？从广义来说是医学，包括疾病的预防、健康保健、疾病的诊治救治、康复介护以及人文关怀等，是医学的范畴。养是生活中的方方面面，具体包括生活照护服务、心理服务、文化服务以及互联网智能等现代科技服务等，养是医养结合养老服务的抓手和行动。衰老和疾病是一个过程两个方面。我们每个人面临衰老，衰老过程中有疾病相伴，这是无法抗拒的。衰老伴随着疾病，疾病加重衰老，二者不可分开。在养老过程中，不可或缺的就是与衰老相伴的疾病，疾病离不开医学，只有疾病得到了科学的预防、医疗、救治和全程全面的管理，医学贯穿养老的全过程，才能提高老年人的健康素养、减少疾病的发生和发展、延长健康寿命，否则医养结合只能是一句空话。所以医养结合重点在“医”。

前些年，我们在推进养老服务方面取得不小的成绩。刚才各位讲到了非常卓越的成绩，实施了养老救助和帮扶，建了很多养老机构。但是多数老年人，医学常识匮乏，仍然独居在家里，成为孤寡老人，靠子女，靠保姆，大病小病往大医院跑，病越看越难，药越吃越多，承受能力越来越差。究其原因在于，医学没有深入养老各个方面。另外，部分老人医疗费用不能报销，家庭支付不起医药费，这都影响了养老的实施。养老存在的问题得不到很好解决，反过来加剧国家医疗费用支出，影响医院主体功能的充分发挥。因此，要以医学科学为关键，推动医药卫生与养老服务结合。

三、以大医生团队下沉，推进基层医疗养老体系建设

什么叫大医生？大医生是老百姓对“德艺双馨医生”的尊称，技术好、医德好。

（一）大医生团队为什么要下沉？要靠大医生团队，推进基层医疗养老体系的建设。首先，基层医养服务体系建设主要是基层的医疗人才队伍建设。设备再好，技术再高，没有人去工作，没有具备良好技术的医生或者医务工作者去工作，就做不到很好的养老。基层医疗养老日常工作靠的是全科医生和护理人员，培养培训基层全科医生和护理人员是关键，但是这需要很长时间。我们医生和护士等从读书到成熟、到能诊治和护理一般的疾病、到成长为很好的医生和护士，需要5—10年以上功力。现在给我们的政策时间非常紧迫，2020年要实现医养结合。怎么办？大医生团队下沉，去发挥重大作用。

（二）下沉的重要意义是什么？第一，落实分级诊疗和医养结合决策的重要举措。实现分级诊疗和医养结合需要一个强大的力量来推动，大医生及其团队就是这个力量的主要承载者，他们身负国家实现医改战略的崇高使命。第二，是广大老年人的殷切期待。目前，我国医疗资源分布是倒三角形，主要医疗资源是三甲大医院，基层老年医疗服务技术非常薄弱。尽管加快了培训，加快了培养，但时间不够。如果把分级诊疗首诊放在基层，现在这样的搭配是不能完成的，完成一部分可能，还有很多完成不好。所以，基层老年医疗服务薄弱，导致老年人大病小病不断变化，一老患病全家动员，有病慌、看病难、治病乱等多种乱象。老年病人不仅仅需要先进便捷的医疗养老服务场所，更重要希望掌握老年病特点，具有全科和专科精湛技术的大医生和护理人员来到身边，解决相关问题。第三，能很好体现党和政府对广大人民群众的关怀。老百姓

看到的不仅仅是医院在行动、机构在建立，而且是党和国家为解决人民疾苦而行动。

（三）大医生团队的任务是什么？大医生团队下沉到基层，在当前和今后一段时间内对基层全科医护帮教带的同时，主要承担五项任务。一是帮助形成老年科与全科无缝对接的基层养老体系能力建设的思路并推动实施。作为下沉的大医生团队，帮助当地解决在医疗养老问题的过程中还可以探讨和搭建新的医疗养老体系框架，帮助主管部门早日形成开展一系列工作的线路图和具体操作办法。二是帮助建设基层医疗养老人才队伍是关键。大医生团队下沉首要任务是加强基层医疗养老人才队伍建设，更好地为基层老年群众提供优质高效的医疗养老服务。当然，大医生团队要不断加强全科医生和护理人员培训。北京医院2016年开始开展了为期一年全科培训，无论医生是多高级别都参加培训，我是老师也是学生，每周有一天半时间坐在那里学习，就是为了加强大医生全科知识，为基层的支持做好准备。三是帮助建立医疗养老规范管理的各项规章制度，包括以网格化为基础，深入家庭的签约分工负责制，以及重症为主的协调会诊制度、医疗养老巡诊制度、双向转诊、上下联动合作支持的医联体制度、定期考核评估激励制度，定期征询广大病人和家人意见。四是当好大医院与基层养老机构的桥梁和纽带。我们分级诊疗以后，大医院医生工作减少，难道这些医生就闲等着病人吗？一定要下到基层帮忙。大医生团队下沉，本身就是大医生落实分级诊疗的举措。大医生团队肩负大医院改革探索新的发展思路的重大责任，同时也能把基层需要专科治疗的病人直接转移到大医院进行治疗。不用通过很多方法，通过下沉就能发现这些病人需要专科治疗，直接转到专科找到医生治疗，可以减少很多浪费的时间。五是当好指导全国医改的参谋。通过下沉，各个大医生团队要成为国家在这个领域进行科学决策和指导的调研人员和参谋，为医养结合提供实战性的意见和建议，供国家有关部门决策和参考。

四、以公益性为前提，发挥政府和市场的双重作用

我们研究认为，在老年医疗体系建设方面，采取完全由政府主导或者完全由市场主导的思路都不够全面，应该坚持政府主导并与市场机制相结合，最终目标是建立由国家政府统领、调动市场参与、鼓励多方协作、拥有法制保障的以民为主、高效便利可持续的老年医疗养老服务体系。为什么强调两个作用？

一方面，老年医疗卫生涉及公共卫生、疾病预防、医疗保障、技术支持等方面，是一种满足全社会每一个老年人健康需求的特殊服务，是一个公益性事业。因此，老年医疗养老服务体系建设必须坚持公益性导向，政府应当在其中发挥主导作用，不断提升老年人健康水平。坚持政府主导老年医疗养老服务体系改革，有利于落实在制度、规划、筹资、服务、监管等方面的责任，维护公共医疗卫生服务的公益性。

另一方面，健康老年化又是全社会的系统建设，需要深度和广泛的社会主动参与，不仅需要医疗养老服务体系的支撑，也需要社会、家庭以及老年人等在内的各方面的共同支持和努力。当前，建立合理的筹资机制，通过鼓励政策引导社会力量和市场主体投入还存在一些问题，因此要大力发挥市场机制的配置资源方面的作用，充分调动社会力量的积极性和创造性，满足人民群众多层次多元化的医疗卫生服务需求。

五、以人为本、以人民满意为标准，加强考核标准

邓小平同志曾经指出，人民答应不答应，人民拥护不拥护，是各项工

第四篇

倡导人文关怀，
满足多样化养老需求

补上养老服务中的人文关怀短板[*]

郑功成
（中国社会保障学会会长、中国人民大学教授）

养老服务中的人文关怀，这是一个有着极其重要的现实意义的主题。

一、人文关怀自古以来就是老年人幸福生活的必要条件

自古以来，中国老年人追求的幸福晚年生活就是讲究子孝孙贤、天伦之乐，这是一种很高的精神境界。在当代中国社会，人口老龄化加速发展，生育率持续下降，家庭规模日益小型化，人口流动性日益升高，所有这些都决定了老年人很难再依赖家庭保障和家庭成员的亲情陪伴，更难实现传统的天伦之乐了，但老年人追求精神慰藉与情感保障不仅不会衰减，而且会伴随着物质生活的日益富足而更显迫切，只不过是在家庭内部难以满足的条件下，必然转向充满人文关怀的社会化服务，这是一种传统情结，更是社会文明发展进步的表现。

因此，在促进养老服务业健康发展过程中，必须顺应老年人的意愿，高度重视人文关怀，并将人文关怀的精神注入养老服务制度体系，形塑有

* 在 2018 年 10 月 17 日第四届中国养老服务业发展高层论坛开幕式上的发言，全文刊登于《中国红十字报》（2018 年 10 月 19 日第 6—7 版），有删节。

利于满足老年人精神慰藉的社会环境与社会氛围。这次论坛所探讨的主题，实质上是对老年人期盼人文关怀的一种回应。

二、人文关怀是我国养老服务业发展中亟待弥补的短板

人口老龄化的快速发展，带来的是全面、深刻而持久的影响，因为人口结构深刻变化必然带来消费结构、产业结构、就业结构乃至社会、政治生态的变化。党和政府高度重视应对人口老龄化，习近平总书记多次作出重要指示，强调要及时应对、主动应对、积极应对、科学应对、全面应对、综合应对。2019 年还准备召开老龄工作会议，这将是继续 2000 年召开首次老龄工作会议再次召开的重要会议。

近几年来，在党和政府的高度重视下，我国养老服务业在快速发展，政府投入不断增长，社会资本越来越多地进入养老服务领域，老年人的物质保障水平在不断提升，养老服务的供给总量也在不断增加，并从重视经济保障向经济与服务保障并重、从重视机构养老向注重服务居家养老、从重视城市养老向城乡养老并重转化，这预示着我国养老服务将进入快速发展时期。

然而，当前存在的普遍现象是缺少人文关怀。在制度安排中缺少人文关怀的精神，在服务标准体系中缺乏人文关怀的标准，在具体实践中缺乏人文关怀的情怀，在学界讨论中更多的是关注物质投入和满足物质需要而很少关注如何注入人文关怀，这导致了老年人精神保障不足。没有人文关怀的养老服务，必然是没有尊严与乐趣的养老生活。因此，新时代的养老服务业需要尽快弥补人文关怀的短板，用人文关怀的精神，来塑造新型制度体系和社会氛围。只有在保障物质生活和提供相关公共服务的同时，重视精神保障，才能免除老年人晚年生活中的孤寂，确保老年人的生活质量。

三、构建起养老、孝老、敬老融为一体的政策体系与社会环境

“构建养老、孝老、敬老政策体系和社会环境”，是习近平总书记在党的十九大报告中明确提出的要求，它体现了现代与传统、中国与西方养老模式的有机结合，对于我国养老服务业的健康发展具有特别的指导意义。

以人文关怀的精神为指导完善养老政策体系。如民法典应当维护和弘扬孝老、敬老的传统伦理；养老服务应当有专门的立法并体现出相应的人文关怀精神；其他相关政策的制定应当有利于形成子女孝老、社会敬老的氛围。

以人文关怀的精神为指导完善养老服务标准。在制定养老服务的标准时，不能只重视硬件设施的建设标准，还应当同时重视养老服务过程中的人文关怀标准。如尊重老年人的主体性，努力提高老年人的参与程度，服务供给不得损害老年人的尊严，服务过程维护老年人的体面，等等。

重点培育养老机构与从业人员的人文关怀情怀。包括专业培训应当加入老年心理学与人文关怀的课程，注重老年人的心理需求与精神慰藉。唯有如此，才能真正促使养老服务业健康持续发展，并为全体老年人提供稳定的预期。

中国养老服务业发展趋势：社会化、智能化和人性化*

陈俊宏
（第十二届全国政协委员、人民日报社原副总编辑）

我国人口老龄化的速度和规模越来越大，60 岁以上老人已达 2.4 亿人，占总人口的 17.3%；空巢老人已达老年人总数 51%。这就表明，我国养老服务业面临着严峻的挑战，也面临着极好的机遇。正因如此，习近平总书记在党的十九大报告中郑重提出："积极应对人口老龄化，构建养老、孝老、敬老政策体系和社会环境，推进医养结合，加快老龄事业和产业发展。"遵照习近平总书记的重要指示，结合中国人口老龄化实际，对养老服务业发展趋势，谈三点认识。

第一，社会化养老的方向越来越明确。新中国经过近七十年的建设发展，特别是四十年的改革开放，我国已然从农业社会转到了工业社会、信息社会。在这样高速发展的情况下，养老问题已不单纯是家庭问题、个人问题，而是重大的社会问题、民生问题。为此，国务院明确提出，要努力构建以居家养老为基础、社区为依托、机构为补充的多层次养老服务体系。

这里的居家养老，已不是过去"老死不相往来"，而是天天都与社会息息相关。比如，从吃穿住行到社保医保，从柴米油盐到电视电商，都需

---

* 在 2018 年 10 月 17 日第四届中国养老服务业发展高层论坛主论坛上的发言，全文刊登于《中国红十字报》（2018 年 10 月 19 日第 6—7 版），有删节。

要社会各部门来提供。还有，老人活动场所、送医送药上门、家中难事帮助、护理聊天服务等，也都需要社会各方面来完成。在资本主义发达国家，由于经济发展水平高、社会保障比较好，所以，社会化养老就比较完善。中国是社会主义大国，又是世界第二大经济体，随着经济社会的稳定和可持续发展，我相信一定会做得更好。正因如此，国家制定了一系列推进社会化养老的政策，鼓励和支持更多社会力量、更多社会组织、更多社会义工，参与到养老服务中来，好让老人们晚年生活得更加舒心和安心，让夕阳红呈现得更加多彩和温馨。

第二，智能化养老的特征越来越明显。中国已是互联网大国，互联网用户、信息技术产品等都排名世界第一。国家一直在推进“互联网 +”行动计划，效果非常突出。养老服务业同样需要互联网，必须同互联网深度融合。我们要以社区为基础，搭建养老信息服务网络平台，提供护理看护、健康管理、康复照料、紧急救助等养老服务。

“互联网 + 养老”，在我国才刚刚开始。据报道，北京市已为 80 岁以上老人家里免费安装了“一按铃”和“一键通”设备，只要手指一碰很快就有人上门服务。现在，互联网、物联网、wifi 无所不在，只要我们充分运用好，就一定能为老人们提供更方便、更及时的服务。当然，现在遭遇网络诈骗的也有很多是老人，但这不能怪网络，只是少数人的良心变坏所至。几年来，国家公安、银行、工商、网络部门等加大综合治理力度，情形已大为改观。总之，随着现代信息技术的发展，智能化养老将会越来越普及，越来越惠及广大的老人们。

第三，人性化养老的需求越来越明朗。前几年，在履职全国政协委员期间，我随同中国红十字会总会事业发展中心到各地养老院调研，还有到农村调研及回家乡调研，提案大多是关于老人养老的问题，也都得到相关部门的重视。

我感到，老有所养、老有所依、老有所乐，对老人们来说非常重要。我还感到，老人们最害怕的是孤独，最需要的是陪伴，而失能老人更需要陪伴和护理。从人的生命规律来看，人老了，物质需求会逐步下降，而精神需求会相对上升。老人们需要交流、需要表达、需要陪伴。儿女们的一个电话、一次陪伴，都会令老人非常高兴和欣慰。这几年，江苏省等省市对失能老人的陪护，制定了每月补贴四五百元的政策，就是人性化养老的一个重要举措。人文关怀，是人性化养老的基础。人性化养老是人文关怀的目标。人文关怀直到最后的临终关怀，都体现了人性化的要求。我相信，随着全面建成小康社会目标的实现，人文关怀和人性化养老将会得到广泛实行，我们的老人们会生活得更舒服、更愉快、更体面。

围绕老年人合理需求，加快养老服务业发展*

张世平
（时任中华全国总工会党组成员、副主席、书记处书记）

养老服务是以满足老年人需求为基本的涉及多个领域的综合型社会服务。它包括营利性的私人服务、非营利性的社会服务和政府提供的福利型公共服务。养老服务业是老龄产业的重要一隅，相对于养老地产、老年金融、老年产品等业态而言，养老服务业更贴近百姓、需求更刚性、更亟待加强。

一、养老服务的主要对象

目前，我国老龄人口是2.3亿，占总人口16.7%，预计2025年突破3亿，2035年将达4亿。国际上有几种对老年群体的不同划分，但我认为，养老服务主要面对和关注的是两大部分群体：

一是高龄老人，即真正意义上的老人，多在75岁以上，约占老年人口的1/3，其中80岁以上老人近3000万。他们过惯苦日子，生活比较节俭，消费观念和能力都有一定局限；他们多是高龄、空巢、失能老人，体

* 在2017年10月28日第三届中国养老服务业发展高层论坛主论坛上的发言（有删改），题目为编者所加。

弱衰老，是老年群体中最需要关注和扶助的群体；他们基本是居家养老，最需要的是生活照料、健康护理和亲情陪护；他们是政府扶助的主要对象，政府拿出的高龄补贴和服务补贴都是针对这部分老人的。

二是低龄活力年轻老人，即60—75岁的老人，占老年总人口67.1%，约1.54亿，如果年龄前移到55岁，能达到2亿多。这部分老人是目前老龄人口中的主体。他们多是20世纪50年代出生的，阅历丰富、精力旺盛，有更多的消费意愿和能力；他们多为独生子女家庭，上有老下有小，承载着更多的家庭重负；他们不愿意只待在家里，希望能够走出去，对养老服务需求也更加体现多样化特征。他们目前对生活照料的需求并不紧迫，但却蕴含着巨大的养老隐忧。十年、二十年后，这部分人都将跨入高龄行列，养老服务的刚性需求会迅速释放，呈井喷式爆发。

这两部分群体有许多区别和需求差异，了解这些区别和差异很有意义，可以帮助我们了解当前的服务重点和未来的需求潜力，增强从事养老服务的针对性，减少盲目性，同时也可以帮助我们准确定位，理清服务人群和目标客户主要是哪部分？是高龄还是低龄？是大众普惠还是小众高端？是希望短平快见效还是瞄准未来的巨大市场？针对不同人群的战略策划是不一样的。

二、老年人的服务需求

政府提出的“六有”，即老有所养、老有所医、老有所为、老有所学、老有所教、老有所乐，概括了现代老年人的全部需求目标。按照美国心理学家马斯洛的需要层次理论，结合我国经济社会发展和民生实际，我国老年人的需求特别是低龄活力老年人的需求日益增长、日趋多元，主要表现为如下五个方面的需求：

一是安养需求，包括老年人的支付能力、居住条件、生活环境、安全保障等多重因素。这是老年人的基本需要，也是政府、社会和家庭关注的重点。人们对安养的水平、环境的要求越来越高。

二是健康需求，包括就医保障、医疗条件、健康服务、康复护理、养生保健等多项内容。这是老年人安养乐活善终的前提，也是老年人健康长寿的理想目标。

三是精神需求，包括信仰、文化、情感、心理等多方面的需求。这是老年人的内在需求，不仅停留在吹拉弹唱等兴趣方面，也反映了情感、心理、甚至生理方面的本质需要。这方面往往被忽视，被简单化、概念化。

四是交往需求，主要指老年人相互之间、与亲友、与外界之间的联系、互动和交流。这是人的社会属性所决定的，也是老年人退休后最渴望的。现在许多微信老友圈和自发抱团养老就反映了这方面的需求。

五是价值需求，人人都有自我实现的愿望，对于老年人特别是曾经有所成就的老年人来说，价值的体现更为重要，即使是奉献家庭，也一定会定位为：儿女需要我，我有用！有质量、有价值、有尊严的生活是老年人的共同追求。

以上这五个方面需求互相联系、由低到高，因年龄、文化、地域不同有轻重急缓之分，但缺一不可。从事养老服务，必须走进老人、了解老人、读懂老人，全面准确把握老年人的多元需求；必须坚持需求导向，因需设事、因事设人，突出重点、有的放矢，这也是养老服务机构供给侧改革的方向。为什么有的养老院留不住老人？不仅因为设施差，还因为那里的生活太单调。为什么老年人都愿意与年轻人、与第三代在一起？因为可以从孩子们身上感受活力、愉悦心情。为什么针对高龄老人的养老机构不宜过大，也不宜太远？因为老年人都不希望远离自己的老宅和亲人。有些养老机构非常注重研究、适应老年人的需求，如泰康燕园给年轻护理员专门培训“三反五反”“人民公社”等历史知识，就是为了让他们与老人聊天时有共同话题；每年“两会”期间都专门组织时政讨论会，让老年人畅所欲言，积极建议，老年人踊跃参与，特别积极，很有实现感。又如河北燕达健康城让入住老年人上讲堂，发挥专长，互相授课，这也是老年价值的体现。还有一些机构正在做时间银行、志愿服务银行的探索，很有意义。

三、养老服务的主要缺失

近年来党和政府高度重视养老服务工作，把发展养老服务业作为新的经济增长点和重大民生工程来抓，养老服务的支持体系逐步健全，政策累积效应逐渐释放，社会力量和民间资本热情涌入，养老服务业的发展环境不断优化。但从需求角度来分析，养老服务依然存在许多矛盾和薄弱环节。

从安养方面看，主要有三个问题。一是钱从哪里来？二是人到哪里去？三是活靠谁来干？钱从哪里来？主要讲老年人需要的生活、医疗、护理三大方面的经费保障。目前基本养老保险还没有实现全国统筹，医疗保险使用效率不高，高龄老人最需要的长期照护保险还在试点，迟迟没有出台。人到哪里去？占老年群体 90%的居家老人基本处在自为状态，难以获得及时有效的社会服务，社区服务机构大多条件有限，不能满足老年人就地安养的需要，养老机构总量不足且结构性矛盾突出，城市公办养老院一床难求，民办高端养老机构价格太贵，农村养老机构空置率很高。活靠谁来干？目前从事养老服务的人员紧缺，养老护理员岗位需求 1000 万个，现只有 60 万个，持证上岗者不足 10 万人。

从健康方面看，主要是两个问题：一是看病难、取药难依然困扰着众多家庭。医改已进行多年，百姓的获得感不高，在最需要医疗服务的基层，医疗资源却最为匮乏。二是慢病现象严重、管理缺失。约 75%的老年人患有慢病，50%的老年人患有两种以上慢病，多病共存现象非常普遍。目前，广覆盖、低水平的社保制度设计只能满足老年人基本生存需要，不能抵御老年健康风险，因老年人生病致贫返贫的家庭屡见不鲜。健康产业发展滞后，针对老年人的健康指导服务很少，老年人健康知识相对匮乏，存在不良生活习惯、过度吃药治疗和乱用保健品等健康误区。

从精神方面看，能够满足老年人精神需求的渠道非常有限。针对老年人的精神文化产品和服务十分匮乏，心理医生严重短缺，精神抚慰、亲情陪护、临终关怀难以落地。许多老年人因疾病或器官老化影响情绪，导致孤独、压抑、忧郁、焦躁的老年期心理特征更趋严重，尤其是行动不便的高龄老人和失能、半失能老人，普遍身心被困，内心孤独是最大的精神困扰。1/3 的老年人患有不同程度心理疾病，高龄空巢老人有心理障碍的达60%，老年人精神疾病发病率占 20%左右，比年轻人高 1 倍，且逐年增多。我国自杀率最高人群也是老年人，每年都有一定数量的 55 岁以上老年人自杀死亡，其中绝大多数都有不同程度心理障碍。

从交往方面看，老年人大多脱离劳动岗位，参与社会活动的机会很少。我国空巢老人已超 1 亿人，其中独居老人 2000 多万人，预计 2035 年空巢和独居老人近 2 亿人。目前有组织的老年人社会交往途径主要是老年大学和老年协会。现有近6万所老年大学和学校，在校学习者约700万名，仅覆盖 3%的老年人口；有近 50 万个老年协会，覆盖率低且分布不均，难以满足老年人的社会交往需求。流动老人的社会交往问题更为突出，他们远离家乡，需要进行社会关系的重建与再社会化，很多流动老人难以融入当地生活，产生一系列问题。

从价值方面看，老年人要不要参与社会、发挥余热？对此还有许多争议。社会上普遍对老年人实现价值的需求认识不足，把老年人习惯看作依赖者、消费者或服务的对象，而忽视老年人作用的发挥。还有人担心老年人会挤占年轻人就业机会，低估老年人对家庭的支持和继续贡献社会的能力。老年人参与社会的渠道不畅，即使是志愿服务，也缺乏稳定平台和持续支持。积极的社会参与是最科学有效的养老。开掘老年人力资源，不仅有助于老年人的身心健康，还可以缓解一定时期社会劳动力的结构性短缺。随着我国人口老龄化的加剧和社会抚养比的攀升，这方面问题一定会更加显现。

四、发展养老服务的应对建议

发展养老服务业，满足日益增长的老年服务需求，需要政府、社会、企业共同发力。政府应落实主导责任，着重做好规制、兜底、监管工作，在完善制度、政策调控、资源整合、推进规范上下功夫。这几年我们通过政协提案积极向政府建言献策，主要反映呼吁以下几方面建议：

一是推动涉老立法，尽快制定全民健康法、社会保障法和社会服务保障法。特别是社会服务保障法，对养老服务机构的权益是有效保障。

二是完善制度保障，加快推进养老制度改革和多层次养老保障体系建设，特别呼吁的是尽快出台长期照护保险制度，与商业保险互为补充。

三是健全服务体系，依靠社会力量和民间资本，大力发展居家养老便捷服务，鼓励医疗和养老机构将服务延伸至家庭，规范、提升、搞活社区养老，为居家养老提供全面高效的服务支撑。

四是加快医改步伐，尽快破除体制障碍和利益藩篱，促进医疗资源上下贯通向基层倾斜，加快社会卫生医疗机构建设，落实分级诊疗、全科医生、家庭医生签约制度，发展老年康复医院、专科医院，推动医联体建设。

五是发展健康管理，以治未病、防慢病为重点，加快老年康管理体系建设，实现从单一治疗模式向防治养一体化模式的转变，引导慢病管理进基层，发挥中医药在预防、控制和治疗老年慢性病中的优势。

六是繁荣养老产业，放开服务市场，完善市场准入，推动政策衔接，鼓励创新创造，确保各项改革举措和扶持措施落实到位，切实解决审批难、用地难、融资难等问题，营造公平合理的市场环境。

五、对贯彻落实党的十九大精神的建议

刚刚闭幕的党的十九大明确提出积极应对人口老龄化，构建养老、孝老、敬老的政策体系和社会环境，推进医养结合，加快老龄事业和产业发展。这为养老服务业的发展提供了重要遵循和有力支持。从事养老服务的机构和企业一定要审时度势、乘势而上。

其一，要吃透两头、抢抓机遇。一头是吃透国家政策，把现有政策用足用活用好。目前各级政府对养老服务都有很多扶持政策，估计党的十九大后还会有新的政策出台。另一头还要吃透市场。拿到了好政策不等于就能运营好，通过细分市场了解目前刚需和潜在需求。近年养老服务市场有几个新趋势：一是生态环境养老，生态宜居、环境良好的地区对老人吸引力更大；二是气候环境养老，更多老人选择到温暖的地方过冬，到清凉的地方避暑；三是食品中药养老，特殊饮食、药食同源、中医养生老人更需要；四是休闲旅游养老，许多老人一改过去疲于奔命的观光游，选择慢下来、静下来疗养；五是抱团互助养老，包括亲友抱团、战友抱团、兴趣抱团等，这里有许多机会可以把握。

其二，要选准入口、打造品牌。当前有几个投资方向值得关注：一是以居家为基础的养老照护服务和以社区为中心的小型养老机构，约占97%的老人份额，社会很短缺，政府很支持，要在打造服务链上下工夫。二是生态良好、医养结合的养老基地和文旅康养小镇，主要消费人群是低龄活力老人，需有康养服务和金融体系作支撑。三是老年专科医院、康复

医院和中医院，特别是中医在防未病、治慢病中具有特殊功效，应走进家庭和社区，重要的是解决资质和医保付费瓶颈。要根据自身的特色和实力选择市场入口，量力而行，循序渐进，在提高服务和产品质量上下工夫，打造人无我有、人有我优、人优我特的自主品牌。

其三，要开发资源、合作共赢。从事养老服务不能单打独斗，如今跨界是一种潮流，养老服务业的跨界不仅仅是医养结合，还有文旅、康养、金融、线上线下等多角度全方位的合作。地方政府更愿意支持一定体量的企业联合体，而不是单个企业或机构。在养老服务领域有许多合作成功范例，如燕达健康城与医院合作，保利和熹会与社区合作，武汉桥口区养老服务中心、无锡万家安康等都是线上线下社区服务合作体。合作需要真诚、需要包容，要善于整合运用资源，有多大的心成多大的事。

其四，要集聚人才、科创引领。现代竞争最根本的是人才竞争，谁拥有人才谁就占据了发展的制高点。养老服务工作者不仅要有情怀，还要有专业能力，更要有好的待遇和社会地位。应重视人才的引进和培养，尤其要引进创新型管理型专业型人才，依靠专业力量，拓展服务领域，开发服务产品，延长服务产业链。老年产品是巨大的市场，目前国外已有 6 万多种，我们才有 2000 多种。我在北京康复医院和一些养老机构，看到了不少老年辅具和用品，多是从国外引进的，非常贵。我在想，我们能不能自主研发呢？新技术培育新业态，新业态创造新模式，新模式助推新产业。面对银发经济的新浪潮，需要我们有创新的思维、开拓的视野、拼搏的勇气，科学的布局，迎接更大的商机。

养老服务中的人文关怀探讨*

朱士俊
（中国人民解放军总医院原院长）

人口老龄化是全世界面临的问题。根据国际通行标准，一个国家或地区 65 岁及以上老年人口占总人口比例达 7%，即可看作人口老龄化。据此，2000 年 11 月底我国第五次全国人口普查记录中，65 岁及以上人口占总人口比例为 6.96%，显示我国已进入老龄化社会。到了 2017 年，我国 65 岁及以上人口达到 1.6 亿，占总人口的比例为 11.2%，我国成为世界上唯一的老年人口超过 1 亿人的国家。

党和政府高度重视健康老龄化工作。经过多年努力，社会养老服务的法规政策体系已初步建立，以居家为基础、社区为依托、机构为补充、医养结合的养老服务体系也已基本建立，同时，政府投入持续增加，行业管理体系基本成型，社会养老服务支撑环境也在逐步优化。

应该看到，我国社会养老服务体系建设在取得突出成绩的同时，也存在不少的问题和不足，集中表现在：重视养老机构的床位建设，居家和社区养老投入不足；重视养老服务物质方面建设，对老年人精神文化和心理情感需求不够重视；重视失能老人的长期护理需求，对自理型老人的社会参与不够重视等方面。这些问题归结起来，就是人文关怀的理念在养老服务中还没有得到很好的推广和落实。本次论坛聚焦“养老服务中的人文关

* 在 2018 年 10 月 17 日第四届中国养老服务业发展高层论坛主论坛上的演讲，根据 PPT 整理，并经本人审阅修改定稿。

怀”，我感到非常具有针对性。下面，我结合自己多年的学习思考和工作体会，谈一些思考和建议。

一、我国老年人的特点及心理问题

（一）我国老年人的特点

综合众多文献资料，我们认为，我国老年人至少具有四个方面的特点。

一是老年人口规模庞大。截止到 2017 年底，我国共有 60 周岁及以上老年人口 2.41 亿人，占总人口比例的 17.3%，其中 65 周岁及以上老年人口 1.6 亿人，占总人口比例的 11.2%。而 2017 年日本的总人口数只有 1.27 亿人。大家对比一下，就能够感觉到我国老年人口的规模了。

二是高龄老年人多，且伴有一种以上的慢性病。相关数据显示，2017 年我国 80 周岁以上人口大约为 2600 万人，占全国人口总数的 1.8%。有人预测，2020 年我国 80 周岁以上人口将会超过 3000 万，2050 年会达到 1 亿以上。有关数据也显示，在我国的老年人群体中，普遍患有高血压、心脏病、糖尿病等慢性疾病的一种或多种，老年痴呆发病率也在逐年上升。

三是我国独居空巢、失能老年人增多，且伴有抑郁等精神心理问题。有媒体报道，我国 2 亿多老年人口中，一半为独居或空巢老人，而失能老人数量已超过 4000 万。老年人长期独居或处于空巢状态，情感就容易出问题，心理健康就得不到保证。长期处于失能状态的老人，也容易产生抑郁等精神心理问题。

四是老年人口成为我国自杀率最高的人群。近年来，媒体频频爆出老人自杀的案例。有专家指出，目前我国自杀率最高的是老年人群体，我国每年有 10 万 55 岁以上的老人自杀身亡，其中 95%的老年人有不同程度心理障碍。普遍存在的内心孤独感已成为老年人最大的心理困扰，必须借助社会力量满足老年人多种需求。

（二）老年人伴有的不良生理、心理问题

研究表明，随着年龄的增长，老年人的神经系统、骨骼肌肉与运动系统、心脑血管系统、呼吸系统、消化系统、泌尿系统、感知觉系统以及皮肤等器官，都会发生功能衰退等变化。而生理变化必然会导致心理问题的产生。因此，恐惧焦虑、急躁固执、自卑敏感和悲观绝望等问题，在我国老年人中普遍存在。

一是恐惧焦虑的心理。这种心理与老年人在晚年生活中遇到的各种事件有关，比如离退休、再婚、经济窘迫、疾病或药物副作用、部分丧失生活能力等。

二是急躁固执的心理。因为生活阅历和生活经验更为丰富，一般老年人都会坚持自己的观点，造成一种“固执”的感觉。造成老年人固执的原因还有接触新鲜事物相对较少、与家庭成员关系不太融洽、自身虚荣心和自尊心驱使、社会关系紧张以及老年痴呆症等原因。

三是自卑敏感的心理。有的老人由于生理功能衰退、身体能力下降，部分老人担心会成为家庭和子女的负担。有的老人因为现代科技发展迅速，自己跟不上科技进步的速度，有“落后”的感觉。有的老人因为家庭矛盾、情感问题或经济问题，感觉在邻居街坊面前没有颜面。当然也还有其他的一些原因。

四是悲观绝望的心理。有的老人长期罹患不能治愈的疾病，对今后的生活没有信心，疾病带来的痛苦导致其产生绝望的心理。有的老人在多年陪伴的伴侣去世后或年轻子女早逝后，也会出现悲观绝望的心理。

二、养老服务中人文关怀的概念内涵与意义

（一）人文关怀的概念

《辞海》中对“人文”的解释是“人类社会的各种文化现象”。《辞海》中对“关怀”的解释是“关心、关爱、关怀、照顾”。所以，我们认为，人文关怀就是指一切以人为中心，坚持以人为本，尊重人的主体地位和个性差异，关心人丰富多样的个体需求，激发人的主动性、积极性、创造性，促进人的自由全面发展。在我国的现阶段，坚持以人为本，就是要以实现人的全面发展为目标，从人民群众根本利益出发，谋发展、促发展，不断满足人民群众日益增长的物质文化需要，切实保障人民群众的经济、政治和文化权益，让发展成果惠及全体人民。

（二）养老服务中人文关怀的内涵

养老服务中的人文关怀，是指在养老服务中，所有服务人员以人道精神，对老年人的生命和健康、权利与需求、人格与尊严的真诚关怀和照顾，就是在为老人提供必需的生活医疗健康服务以外，还要为老人提供精神的、文化的、情感的服务，以满足老年人的身心健康需求。

维护老年人的身心健康，提高养老服务质量，需要全体服务人员具备较高的人文关怀品质，这是经过特定文化教育形成的带有稳定性倾向，能够通过人文关怀行动体现出来的内在专业秉性或特征，它包含了人文关怀理念、人文关怀知识、人文关怀能力及人文关怀感知四个维度。

1. 人文关怀理念。包括尊重生命、关爱生命、责任意识，人道主义等方面。它是在领悟人的生命价值和人性基础上，所具有的关爱生命、满足

关怀对象需要的责任意识及人道主义信念同价值观相结合，而形成的理性认识和行为准则，包括关怀责任意识和人道主义信念。

2. 人文关怀知识。实施人文关怀行动所需要的相关知识包括专业知识和人文知识，可以经过学习得到提高。

3. 人文关怀能力。实施人文关怀行动所需要的相关能力包括关怀体验能力和关怀行为能力，可以通过实践练习获得。

4. 人文关怀感知。实施人文关怀行动所获得对自身和他人的感觉状态与情感体验相融合的感性认识，包括对象感知与自我感知。

养老服务人员不仅要注重人文关怀知识的学习，更需要在实践中提高人文关怀的能力，内化人文关怀理念。

（三）养老服务中人文关怀的意义

1. 加强人文关怀是养老服务的本质属性所决定。养老服务是让老年人有尊严地生活，以健康愉悦的状态生活。除了满足老年人的生活需求外，还要关注其心理健康与精神健康的需求，要树立以人为本的服务思想。

2. 加强人文关怀是我国老年结构现状的要求。2016 年发布的数据显示，我国老年人“空巢家庭”比例已达 40%。由于老人身体机能下降、生活孤独，导致老人精神空虚，失落感急剧上升，是老人自杀的重要原因。实施人文关怀可以让老人更加愉悦地生活。

3. 加强人文关怀是老年疾病特点的需要。随着年龄的增长，老年人身体机能逐步降低，各种慢性疾病共生比例增大，需要在临床治疗的同时，加强人文关怀，以解决多种心理问题，帮助他们树立正确的健康观，增强战胜疾病的信心。

三、养老服务中人文关怀的讨论

党的十九大报告指出，“积极应对人口老龄化，构建养老、孝老、敬老政策体系和社会环境，推进医养结合，加快老龄事业和产业发展”，这为推进落实养老服务中的人文关怀指明了方向和道路。

（一）落实政府责任，推进养老服务中人文关怀

党的十九大提出了老龄事业新的发展目标，明确了新的发展重点，提出了新的制度设计，如完善老年人优待制度，建立长期护理保险制度、老人监护制度，全国统一的服务质量标准和评价体系，养老机构分类管理，服务评估制度等，为养老服务中人文关怀奠定了制度保障。各级政府要认真贯彻落实党的十九大精神，认真履行好政府职能，积极探索满足老年人精神需求的文化养老新模式，建立老年人的社会参与平台，推进社区建设，发展社区服务，充分发挥人文关怀在养老服务中的积极作用。养老机构设施建设要体现人文关怀下的适老化设计，符合老年人养老需求及其身体机能减退和生理、心理状况以及养护方式，进行个性化、人性化的适老化设计，特别要注重安全性，进行无障碍设计，色彩设计柔和温暖，同时要注意经济性和养老设施多样化，做到适用、经济、美观，满足老年人的不同需求。

（二）加强人文关怀的教育与培训

1. 注重教育和培训。人文关怀的教育核心就是将关怀的理念内化成为固有的价值观，需要经过长期认知实践和感悟。通过学习人类学与人种

学、人文与社会科学导论、社会学、社会心理学、卫生经济学、医学伦理学、医学人口学以及医疗卫生法律法规制度等，获得人文关怀的知识。通过体验式培训，即让体验者经历体验、感受、交流、分享并提高的学习方式，是一种实践性、自主性、反思性、交往性及情景性学习，可以较快提高人文关怀的能力。通过开展丰富多彩的活动，如专家讲座、读书报告、演讲比赛、礼仪展示、先进事迹报告等，营造良好人文关怀文化，促进人文精神的内化。

2. 关心养老服务人员。相关研究表明，工作倦怠程度越严重，其关怀能力越低。要提高养老服务专业人员的待遇，切实解决“三低”问题（素质低、工资低、地位低），营造尊重养老服务人员的社会氛围，建立养老服务人员心理疏导机制，预防养老服务人员的职业倦怠。要建立以人为本的导向，满足养老服务行业员工的基本需求和合理需求。

（三）学习应用科学的理论和方法，搞好养老服务中人文关怀

Watson 关怀理论是美国著名教授华生于 1979 年创立，其核心是强调护理的人文性，提倡应关注服务对象的内心世界和主观经历，其主要内容就是关怀的十要素：人文利他主义价值体系；信心和希望的灌输；培养自己和他人的敏感性；帮助与信赖关系的发展；鼓励正负情感的表达；科学系统解决问题的方法；促进人际间的学与教；满足人的需求；提供精神、心理与社会文化的支持性环境等。2006 年，Nelson 等以华生的人文关怀理念为基础，研制了关怀要素问卷（Caring Factor Survey，CFS）测评关怀行为，显示人文关怀特征，探索人文关怀与博爱之间的联系。问卷具体内容包括：对独居、空巢老人人文关怀的感知的关怀性访谈；观察同体、感悟与分析对方关怀需求，确定关怀行动方式情景下进行的访谈；双方获得人文关怀的感知效果，实践者获得人文关怀感知，即职业成就感、道德愉悦感、向善使命感，提升人文关怀品质；被关怀者亦获得人文关怀感

知，即安全信赖感、认同希望感、温暖和谐感。对失能老人抑郁干预的关怀性触摸法是一种在真正观察同体、感悟与分析对方关怀需求，确定关怀行动方式情景下进行的触摸，包括身体触摸与心灵触摸。身体触摸包括浅层与深层触摸，心灵触摸包括情感沟通、精神支持、人际协调与问题解决。我们要勤于学习、勇于实践、善于总结，不断推进养老服务中的人文关怀。

（四）构建和谐的人文环境，开展形式多样的活动

通过创办老年大学和老干部活动中心，开展丰富多彩的文化活动，如音乐欣赏、心理讲座、名医讲堂、书画笔会、茶艺文化、文学论坛、诗歌朗诵会、电影欣赏、摄影讲座、旅游文化等，不断拓展老年文化项目，营造宜居休闲文化养老氛围，让老人安心、静心、舒心健康的生活，让现代老人老有所学、老有所为、老有所依、老有所乐。

最后，我想总结一下，用“一二三四五”来概括一下，建立起养老服务中人文关怀战略模式，即一个中心、两员满意、三全管理、四种文化、五项目标，其中，“一个中心”就是以老人为中心；“两员满意”就是既让老人满意，也让员工满意；“三全管理”就是全员、全过程、全部工作；“四种文化”包括物质文化、行为文化、制度文化和精神文化；“五项目标”就是安全、质量、服务、环境和体验。

在养老服务中体现人文关怀*

江　丹
（中国红十字会总会事业发展中心主任、
中国老龄事业发展基金会副理事长）

当前养老服务中人文关怀的缺失，已经成为全社会广泛关注和迫切需要解决的问题。党的十九大报告明确提出，“积极应对人口老龄化，构建养老、孝老、敬老政策体系和社会环境”，就为推进新时代养老服务工作，特别是探索人文关怀的养老服务实践指明了方向、提供了遵循。研究和探讨养老服务工作中的人文关怀对于贯彻党的十九大精神，营造良好的社会氛围，把养老服务各项工作落到实处，让更多的老人增强获得感、幸福感、安全感，具有十分重要的意义。

一、充分认识养老服务中人文关怀的重要意义

人文关怀强调“以人为本”，关注人的生存与发展，特别是关注人的生活质量。人文关怀的核心是尊重人、关心人、理解人、爱护人。人文精神是衡量一个国家、民族和社会文明进步的重要标志。在养老服务领域，

* 在 2018 年 10 月 17 日第四届中国养老服务业发展高层论坛开幕式上的发言，全文刊登于《中国红十字报》（2018 年 10 月 19 日第 7 版），有删节。

为老年人提供更多的精神、文化和心理等人文关怀，是老年人晚年生活不可或缺的重要内容，无论从国家发展、社会进步，还是提高老年人幸福指数的角度，都具有重要意义。

（一）养老服务中的人文关怀是以人民为中心发展思想的具体体现。党的十九大报告强调，必须坚持以人民为中心的发展思想。党和国家确定了全面建成小康社会的奋斗目标，提出了包括实现幼有所育、学有所教、老有所养、劳有所得、病有所医、住有所居、弱有所扶等民生领域的一系列具体目标，充分体现了人文关怀精神。对于老年人来说，实现老有所养，关键在于要不断满足不同层次、不同类型老年人的多样化养老服务需求，让老年人安度幸福晚年，而这正是以人民为中心的发展思想的生动实践和具体体现。

（二）养老服务中的人文关怀是社会文明进步的直接表现。截至 2017 年底，我国 60 周岁及以上的人口已达到 2.41 亿，占总人口的 17.3%；65 周岁及以上的人口已达到 1.58 亿，占总人口的 11.4%。面对快速老龄化对我国经济社会发展带来的严峻挑战，加强养老服务中的人文关怀，有利于让改革开放发展成果更多地惠及老年人，提升老年群体的获得感；有利于激发老年人自立、自强、自尊、自爱的意识，实现老有所为、老有所乐；有利于弘扬养老、孝老、敬老的优良传统，努力维护社会的和谐稳定。

（三）养老服务中的人文关怀是新时代养老服务业发展的迫切需要。党的十九大报告指出，“中国特色社会主义进入新时代，我国社会主要矛盾已经转化为人民日益增长的美好生活需要和不平衡不充分的发展之间的矛盾”。当前，在养老服务领域，老年人对美好生活的期盼与养老服务发展不平衡不充分之间的矛盾较为突出，主要表现在养老服务业的供需结构失衡、内容比较单一、专业化水平和整体质量不高，特别是养老服务中人文关怀的缺位和缺失亟待破题。切实关心和关爱老人，加强人文关怀，促进社会公平正义，让老人感受社会温暖，应是今后养老服务的工作重点和努力方向。

二、着力打造养老服务中人文关怀的曜阳品牌

多年来，事业发展中心在中国红十字会总会的大力支持下，高举红十字公益大旗，着力打造以“人文关怀”和“医养结合”为特色的曜阳养老品牌。兴建曜阳养老实体，已建成扬州曜阳、富春江曜阳等6家养老机构，为老人提供人性化、专业化、规范化的全方位养老服务；开展曜阳关爱行动，利用中央彩票公益金和社会爱心捐赠近2亿元款物，惠及贫困失能老人及其他老人达10万人；构建曜阳支持平台，与全国各地约4000家养老机构建立了战略合作关系，为1300余家养老机构的近2700名院长和护理员提供了业务培训。

在曜阳养老服务中，我们利用红十字公益组织优势，调动和整合社会资源，突出人文关怀，努力满足不同层次、不同类型老人多样化的养老服务需求。

一是对健康老人做到满足需求，实现老有所乐。扬州和富春江两个曜阳老年公寓，一方面依据老人兴趣爱好，支持自理型老人组建了近20个文艺团体，自主开展文化娱乐、体育健身等活动，不断丰富精神生活；另一方面组织低龄健康老人组成志愿服务队伍，以时间银行的形式，积极参与公寓管理、服务高龄老人、参与青少年校外教育活动等，实现老有所为、老有所乐。为了给老人提供精神享受，事业发展中心组建了博爱艺术团，在“5·8世界红十字日”和重阳节等传统节日，组织艺术家和演员，走进中西部贫困地区和革命老区，为当地老人送去高水平文化慰问活动。所到之处，老人们都热泪盈眶，拉住演员们的手，久久不愿放松。

二是对患病老人做到医养结合，实现老有所医。扬州和富春江曜阳老

年公寓，贵阳和邯郸曜阳养老服务中心，组建了医疗机构，不仅改善了养老机构老人的医疗条件，同时又为周边的患病老人提供了各种医疗服务。此外，曜阳医疗机构还整合了周边医疗资源，建立应急医疗合作机制，为危重病老人开辟了紧急就医的绿色通道，确保老人享受到高端的医疗服务，实现老有所医，免除了患病老人最大的顾虑和担忧。

三是对失能老人重点关爱，实现老有所靠。2013 年，我们发起“曜阳关爱失能老人行动”，跨越 11 个省区，面向中低收入家庭，累计帮扶贫困失能老人近万人。2014 年起，我们依托“中央专项彩票公益金支持失能老人养老服务项目”，利用中央彩票金 1.47 亿元，先后资助了 739 家养老机构，惠及贫困失能老人及其他老人近 10 万名。截止到 2017 年底，我们向爱心企业和个人募集善款物资总计近 2000 万元，先后支持中西部养老机构 100 余家，惠及贫困失能老人 4600 多人。

四是对临终老人做到抚慰疏导，实现老有所安。扬州曜阳依托扬州曜阳康复医院，设立了临终关怀病房，为临终老人提供照顾护理、心理疏导和心灵抚慰等服务，减轻病危老人的生理痛苦和心理恐惧，让老人在精心的呵护下，走完人生最后的旅程。同时，还为老人家属提供人性化的服务，帮助他们从失去亲人的痛苦中解脱出来。目前，医院已累计提供临终关怀服务 50 余人次，让这些老人活着很温馨，走得有尊严。

三、逐步健全新时代养老服务中人文关怀的保障机制

做好新时代养老服务工作是实施健康中国战略的重要组成部分，而搞好人文关怀，需要全社会的共同关注，更需要有一支有爱心、有担当、有技能的专业护理员队伍。为此，2018 年国庆节前，在中国红十字会总会的关心和指导下，事业发展中心与中央广播电视总台合作，共同举办

了“守护夕阳——养老护理员职业荣耀盛典”活动，展示了9名优秀护理员的感人事迹。他们把老人当成自己的家人和亲人，倾注了大量的心血和无私的爱，是养老服务中人文关怀的典范。他们的善心义举是“百善孝为先”的生动诠释，也是中华民族“守望相助”人文精神的大力弘扬。此外，近年来，我们多次去发达国家以及我国港澳台地区考察养老服务工作，也得到了很多启示。境内境外的成功经验都证明，切实做好养老服务中的人文关怀，需要社会各方面的共同努力，探索出符合中国国情的新时代养老服务人文关怀的模式与途径。在这里，我向有关方面提出以下意见和建议。

一要加大政府在养老服务中的保障力度。完善的社会保障是社会养老的基础。各级政府要在不断完善社会保障体系的基础上，不断完善社会养老服务的政策法律和制度标准，加强养老服务质量监管，同时对贫困老人、高龄独居老人等特殊困难群体，履行养老服务的托底责任。在这里，我特别想建议的是：希望各级政府更加重视养老服务队伍建设，要采取有效措施，切实提高养老护理员的社会地位、职业荣誉和待遇水平。

二要巩固家庭在养老服务中的基础地位。敬老爱老是中华民族的传统美德，也是具有民族特色、时代特征的孝亲文化。我国的《老年人权益保障法》也明确规定，赡养人应履行对老年人经济供养、生活照料和精神慰藉的义务。在家庭结构小型化和少子化的今天，国家和社会要帮助年轻一代处理好外出工作和在家照顾老人的矛盾，使其自觉承担起家庭养老的基础责任。

三要发挥企业在养老服务中的市场调节作用。在不断完善社会保障体系的同时，政府要积极引导社会资本进入养老服务业，鼓励支持企业创新养老服务内容和供给方式，特别是要充分利用信息技术、数据集成、生物医药等新技术，研究开发适合老年人身心特点和特殊需求的新材料、新设备和新产品，满足不同类型不同层次的养老服务需求。政府要同时通过市场竞争、质量监管、信息公开等机制，引导市场主体不断优化养老服务质量。

四要彰显社会组织在养老服务中的公益优势。各类社会组织要充分发挥自身优势，整合爱心捐赠、志愿服务等公益资源，为贫困老人、残疾老人等特殊老年群体提供公益养老服务。红十字会作为党和政府在人道领域的助手，要秉承红十字精神，发挥自身公益性优势，在医疗救助和救护培训等方面，在参与养老服务的过程中，都把人文关怀放在首要位置，协助党和政府有效应对人口老龄化问题。

健全我国养老服务的几个关键问题*

青连斌
[中国社会保障学会常务理事、
中共中央党校（国家行政学院）教授]

一、养老服务体系建设要以老年人的需求为导向

当前，我国养老服务体系建设面临的问题，主要体现在老年人对美好生活的需要与养老服务发展不平衡不充分的矛盾。养老服务是特殊的服务，不能简单地以供给引导需求。不能是社会能提供什么服务，老年人就接受什么服务。发展养老服务，首先要搞清楚老年人需要哪些养老服务，不同老年人群体的养老服务又有什么差异。国家层面是这样，对一个养老机构也是这样，家庭也是如此。老年人的需求是多方面、多样化、多层次的。目前的问题是，有需求没有供给，有供给没有需求。因此，养老服务的发展，必须着力解决需求与供给的脱节问题。

从老年人的居家养老服务需求来讲，除家政服务和法律援助服务需求的满足率稍高外，医疗护理和精神慰藉服务需求基本难以满足，超过一半的老年人的护理服务需求无法满足，超过 3/4 的老年人的精神慰藉服务需

---

* 在 2018 年 10 月 17 日第四届中国养老服务业发展高层论坛主论坛上的发言，根据 PPT 整理，经本人审阅定稿，后整理发表于《中国社会保障评论》2020 年第 1 期。

求无法满足。

二、坚持居家养老的基础地位不动摇

《社会养老服务体系建设规划（2011—2015）》提出，要“建设居家为基础，社区为依托，机构为支撑的社会养老服务体系”。《“十三五”国家老龄事业发展和老龄体系建设规划》做了一些调整，提出要“建设居家为基础、社区为依托、机构为补充、医养相结合的养老服务体系”。但无论怎么调整，可以看出居家养老在整个养老服务体系建设中处于非常重要的基础地位。因此，根据国家有关规划，北京提出了“9064”、上海提出了“9073”的养老服务发展思路，即90%的老人居家养老，6%或7%的老人社区养老，4%或3%的老人机构养老。据有关方面调研，选择居家养老的老年人占90%以上，只有不到10%的老年人选择机构养老和社区的日照与短托。社区日照和短托实际上也是机构养老。

第一，要健全居家养老支持政策。一方面，要探索建立居家养老的支持政策。比如，保障老年人的居住条件，鼓励家庭成员与老年人共同生活或者就近居住，为家庭成员照料老年人提供帮助和便利，发挥家庭对老年人的经济保障功能。另一方面，要从政策上鼓励老年人满足自我照顾、自我服务需求的参与方式。比如，鼓励和支持“时间银行”“抱团养老”等新型养老方式的发展。

第二，国家在养老服务方面的财政投入，要更多地投向居家养老服务领域。过去一个时期，在多层次养老服务体系建设中，我们投入了大量的人力物力财力用于机构建设和床位建设，对居家养老的重视程度是不够的，造成的后果是相对于机构养老而言，居家养老的基础作用没有得到充分发挥。

第三，要改进居家养老服务以更好地满足老年人的养老服务需求。政府、社区、养老服务机构和企业，以及一些社会服务组织开展的居家养老服务，必须符合老年人的需求。

三、机构养老必须实行分类分级管理

长期以来，我国对养老机构的管理习惯于按照所有制性质、分城乡实行差别化管理。这种管理方式已经不适应养老机构发展变化的新情况。

分类管理，就是要根据养老机构实际提供养老服务的种类、类别、层级进行管理。

美国的养老机构，按照不同的功能分为三类：技术护理照顾型养老机构、中级护理照顾型养老机构和一般照顾型养老机构。中国香港的机构养老分为三种类型：高度照顾安老院、中度照顾安老院和低度照顾安老院。申请入住安老院的老人具体入住哪类安老院，要由相关评估机构的评估结果来确定。

我国养老服务机构可以分为四类：

一是老年公寓，以年轻老人和有一定经济能力的老年人为入住对象。老年公寓的性质是养老地产，老年人入住进来，可以享受到最基本的养老服务，但仍然是独立居住的。发展“以房养老”，最主要的方式就是老年人把自己的房产抵押给银行或直接出售后入住老年公寓。

二是养老院、托老所、敬老院等以基本自理和半自理老人为入住对象的养老机构，有比较完整和配套的养老服务，作为老年公寓入住老人中生活自理能力下降、需要更多专业化养老服务的老年人的接续服务机构，以及居家养老老人中随着生活自理能力下降、不再适宜居家、需要更多专业化养老服务的老年人的养老服务机构。

三是护理院，以失能、半失能老年人为入住对象，提供全方位的养老服务，特别是专业化的医疗护理服务，这类养老服务机构必须是医养结合型的。

四是临终关怀机构，为护理院入住的老人以及居家的老人在人生的最后一程设立的养老服务机构，也是目前我国养老服务机构发展的短板。

上述四类养老服务机构，形成一种接续性的养老服务机构，老年人首先入住的是老年公寓，之后转入养老院，再转入护理院，最后在临终关怀机构走完人生最后一程。

不论是公办养老服务机构，还是民办养老服务机构，都应该明确自身的定位，究竟是上述四类养老服务机构中的哪一类。当然，规模比较大的养老服务机构，可以分区设立四类养老服务机构，在机构内形成接续性养老服务链。

四、要优先解决失能失智老人等特殊老年人群的养老服务问题

有关数据显示，在我国60岁及以上的2.41亿老年人口中，80岁以上的高龄老人近3000万；失能、半失能老人约4000万；空巢老人约1亿人。我国目前有730万张养老床位，入住老人400多万。从养老机构来讲，在2016年我国669万张养老床位中，护理床位只有152.7万张，仅占22.82%，远远不能满足失能老人的养老需求。

因此，要及时调整单纯强调建养老院、增养老床位的做法，把重点放到更有效地满足失能、半失能老人养老服务刚性需求方面，大力发展护理型养老服务。

面向养老服务需求，完善社会关系网络，提升养老服务质量*

席 恒
（中国社会保障学会常务理事、西北大学公共管理学院教授）

2019 年 11 月 21 日，《国家积极应对人口老龄化中长期规划》发布，对我国近期至 2022 年、中期至 2035 年、远期至 2050 年积极应对人口老龄化的社会财富储备、劳动力有效供给、为老服务和产品供给体系建设、科技创新、社会环境营造五个方面的内容进行了系统规划，是到 21 世纪中叶我国积极应对人口老龄化的战略性、综合性、指导性文件。

积极应对人口老龄化中长期规划的关键，是针对我国日趋加剧的人口老龄化，统筹规划、积极合理配置养老资源，为当期社会养老和未来社会养老进行相对充分的养老准备，以实现我国人口老龄化高峰时期社会经济的平稳与可持续发展。积极应对人口老龄化中长期规划的核心，是统筹规划解决我国社会养老的财富及其分配问题（养老金问题）和社会养老的服务问题。其中，养老服务的实现程度是评估积极应对人口老龄化战略成效的重要内容①。如何建立和完善包括健康教育、预防保健、疾病诊治、康复护理、长期照护、安宁疗护的老年健康服务体系？如何健全以居家为基础、社区为依托、机构充分支持、医养有机结合的多层次养老服务体系？

---

* 在 2019 年 10 月 10 日第五届中国养老服务业发展高层论坛主论坛上的发言，后修改整理发表于《社会保障评论》2020 年第 1 期。

① 郑功成：《多层次社会保障体系建设：现状评估与政策思路》，《社会保障评论》2019 年第 1 期。

如何不断扩大适老产品和服务供给，不断提升养老产品和服务质量，是未来中国社会养老服务的重点。而在多层次养老服务体系中，不同利益主体和责任主体的行动逻辑，则是养老服务实现的前提。

一、养老服务的逻辑：供给与需求行动主体的适应性匹配

积极应对人口老龄化，首先要研判我国人口老龄化的态势和规模。2018 年底，我国 60 岁以上老年人口已经达到 2.49 亿人，占总人口的比重 17.9%。其中，65 岁及以上人口为 1.66 亿人，占总人口的 11.9%，与上年度相比增加 827 万人，比重上升 0.5 个百分点。① 据相关机构预测，到 2030 年我国 65 岁以上老年人口将会达到 2.5 亿，而到 2049 年将超过 3.5 亿，老年人口抚养比超过 40。② 严峻的人口老龄化条件约束，不得不使我国从政治、经济和社会全方位视角思考积极应对人口老龄化之策。积极应对人口老龄化，其次要分析我国目前应对人口老龄化的资源条件。我国经济的长期发展为我们积极应对人口老龄化奠定了一定的经济基础，我国几千年的家庭和社会组织传承也为我们积累了良好的社会基础，特别是绵延几千年的中国传统养老、孝老文化更为我们积极应对人口老龄化积累了十分宝贵的文化基础。积极应对人口老龄化，再次要分析养老需求与养老供给之间的适应与匹配程度。我国养老资源众多但相互分散，制度林立但各自为政。只有有效整合养老资源，优化衔接各类养老制度，才能有效应对人口老龄化。积极应对人口老龄化，还要积极探索养老服务供给的适应性

① 资料来源：国家统计局：《人口总量平稳增长，城镇化水平稳步提高》，http://www.stats.gov.cn/tjsj/sjjd/201901/t20190123_1646380.html，2019 年 1 月 23 日。

② 李建民：《中国人口发展四十年（1978~2018）》，载《人口与劳动绿皮书：中国人口与劳动问题报告 No.19》，社会科学文献出版社 2019 年版，第 1—23 页。

和有效性。我国老年群体人口众多，不同老年群体的养老需求具有较大的差异性。这些差异化的养老服务需求只有通过适应性、针对性的养老服务供给才能实现养老服务的有效性。

每一个人在社会活动中的行为，都受到其特定社会需求的驱动，由此形成“需求—动机—行为—关系（结构）—制度化”社会发生机制。社会需求是社会进步的动力，不断满足民众不断增长的需求是社会治理的基本目标。对于日趋增长的养老服务需求而言，不同利益主体和责任主体如何满足老年人日趋增长的养老服务需求，在养老服务中既能够不断实现其自身的价值，又能够体现自身的责任，是我国积极应对人口老龄化的基本逻辑。

养老服务是不同供给主体将不同内容、质量和价格的养老产品或项目，以不同的方式配送到不同需求老年群体的过程。① 在养老服务过程中，养老服务的供给主体的行动逻辑是养老服务实现和质量保障的重要前提。基于我国人口老龄化严峻态势，只有动员全社会力量参与养老服务全流程，提供全要素养老服务的供给产出，才能不断满足日益增长、不断提高的养老服务需求，实现我国人口老龄化顶峰时期的社会经济稳定和可持续发展。

政府作为养老服务的供给主体，其行动逻辑是以人民为中心的执政责任。现代政府的重要责任就是建立、健全的民生保障体系，实现人民群众的安居乐业。在我国人口老龄化不断加剧的背景下，既要实现经济与社会的和谐发展，又要不断满足人民群众的美好生活（目标约束），而人口老龄化规模、程度对老年人家庭和社会的影响（条件约束），不得不成为政府必须正视的社会问题。而应对人口老龄化中的养老服务问题，更是由于其复杂性和多样性等特点，尤显政府责任的重要。政府在养老服务中的责任表现为，基于对人口老龄化态势的研判，运用政策手段动员一切社会

① 郭林：《中国养老服务 70 年（1949—2019）：演变脉络、政策评估、未来思路》，《社会保障评论》2019 年第 3 期。

经济资源参与养老服务过程；运用财政手段参与、引导和合理配置养老资源；运用舆论手段弘扬和培育为老、敬老和孝老文化。① 制定《国家积极应对人口老龄化中长期规划》，正是政府责任的一种体现。②

经济组织作为养老服务的供给主体，其行动逻辑是实现自身经济利益的驱动和社会责任担当的激励。我国人口老龄化的不断发展，为各种经济组织提供了无限的商机，老年群体作为庞大的消费群体，在衣食住行用、日常生活、健康教育、医疗保健、文化娱乐和休闲养生等诸多产业领域都有巨大的需求，经济组织开发适老产品和项目，形成丰富多彩的养老产业，既能为自身创造巨大的市场价值，也能满足不同老年群体的养老需求。③ 但是，需要指出的是，在为老服务中，经济组织不仅要有“老吾老以及人之老”的情怀，更要有“究其人之老，须及吾之老”的责任担当。如果为了自身经济利益而牺牲老年人利益，则是对父辈的不敬和对社会的不负责任！

社会服务组织作为养老服务的供给主体，其行动逻辑是实现自身社会价值的激励。差异化的养老服务的最终实现，需要大量的以社会公益为导向、以微利为驱动、以区域性为特点的社会服务组织参与和提供专业化的养老服务。社会服务组织以其切近民众、切近生活的优势，能够为老年群体提供生活化、个性化和便利化的养老服务。作为公益性、微利性的社会服务组织，其提供养老服务是对政府和市场供给不足的有力补充和对家庭网络成员缺失的弥补，因而对社会服务组织提供养老服务必须有足够的激励措施，其中，政策激励与税收优惠作为政府的激励措施，其激励程度影响着养老服务事业的活跃程度，职业尊重与工作保护激励则影响着养老服

① 席恒：《分层分类：提高养老服务目标瞄准率》，《学海》2015 年第 1 期。

② 中共中央、国务院：《国家积极应对人口老龄化中长期规划》，http://www.gov.cn/xinwen/2019-11/21/content_5454347.htm，2019 年 11 月 21 日。

③ 廖喜生、李扬萩、李彦章：《基于产业链整合理论的智慧养老产业优化路径研究》，《中国软科学》2019 年第 4 期。

务事业的持续程度。

家庭网络作为养老服务的供给主体，其行动逻辑是基于血缘关系、亲情关系的家庭道义。家庭是最基本的社会生活单元，是每个人日常生活的港湾。在中国，家庭是由自己的核心家庭和配偶原生家庭以及延伸的家庭网络。这一家庭网络是最具中华文化特色、形成每一个社会关系和社会人格的基础，也是老年保障和老年服务实现的最重要载体。家庭网络中的配偶、成年子女、成年亲属等都可能成为家庭网络中重要的养老保障和服务的承担者，在养老服务中具有不可替代的重要作用。① 因此，全社会不仅要倡导敬老、孝老的养老文化，更为重要的是政府和社会应该为家庭成员提供养老保障创造条件，无论是个从所得税的赡养扣除和父母亲探视假，还是距离父母最近的工作选择，都是全社会支持家庭养老服务需要创造的非常重要的条件。

老年群体作为养老服务的需求主体，其养老服务需求的内容、方式和质量等都会影响老年群体养老服务的获得感、幸福感和安全感。随着我国人口老龄化规模和速度的加剧，我国养老服务需求的规模和质量呈急剧增长态势。因此，只有不断细分养老服务的需求，才能提高养老服务的目标瞄准率。养老服务需求的细分，必须基于老年生活的细节和基本需要。随着身体机能不可逆转的退化，老年生活的需求通常表现为年轻人无法理解的众多方面。“人老腿先老”，限制了老年人的生活半径，使老年人生活意外的发生率日益增加；“人老牙先老”，说明老年人的饮食结构不同于年轻人群，对老年人的生活照顾提出了不同于年轻人的不同要求；“爱钱怕死没瞌睡”，既说明了老年人对生命的渴望，对死亡的恐惧，也反映了老年人的心理孤独。中国古代总结的反映老年生活的俗语，正是对老年生活需求的真实写照。在养老服务的内容方面，老年人的意外防范、急难救助、生活照顾、健康保护、疾病治疗、心理慰藉和临终关怀等构成了老年生活

① 李连友、李磊、邓依伊：《中国家庭养老公共政策的重构——基于家庭养老功能变迁与发展的视角》，《中国行政管理》2019 年第 10 期。

需求的基本内容。① 在养老服务方式方面。居家养老、社区养老和机构养老是当下能够提供的养老方式。但是，对于大多数老年人而言，最理想的养老方式是居家养老和社区支持，在家庭中度过晚年生活，既享受“含饴弄孙”的亲情，又能够自由地安度自己的老年生活。机构养老作为社会流动条件的产物，能够提供居家养老条件缺失下的养老问题，但在养老院、敬老院和安老院等多种形式的机构养老中创设拟家庭化的条件和氛围，是机构养老服务质量保证的重要因素。社区养老本质上是为居家养老提供各类社会支持。② 社区是人类社会生活的地缘性社会，社区中的商业和生活服务支持、同龄群体的社会交往支持、健身和休闲的设施与装备支持等，是养老服务重要的内容。在养老服务质量方面，在自身经济条件、健康条件和社会支持条件下，每个老年人都想拥有较高质量的老年生活。这与老年人的心态、健康知识、经济能力和社区支持程度密切相关。

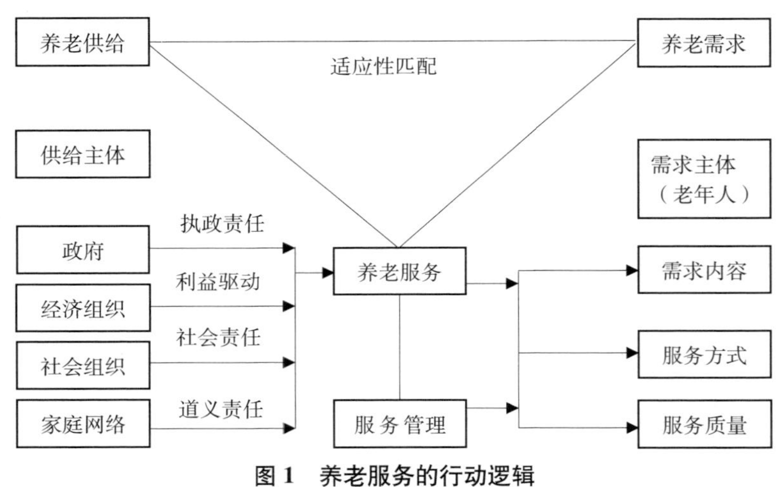

图 1　养老服务的行动逻辑

① 席恒：《新时代、新社保与新政策——党的十九大之后中国社会保障事业的发展趋势》，《内蒙古社会科学》2019 年第 1 期。

② 盖宏伟、刘博：《改进完善我国城市社区养老服务供给运行机制探讨》，《理论导刊》2019 年第 3 期。

养老服务中供给与需求的行动主体以老年群体的养老需求为导向，不断达成供求均衡的适应性匹配，正是养老服务实现的内在逻辑（如图 1）。在政府组织在责任驱动、市场组织为老服务的利益驱动、社会服务组织的公益精神驱动和家庭网络成员的伦理驱动下，老年群体不断增长和变化的养老服务需求才能得以满足。而要实现养老服务供给与需求的适应性、精准化匹配，对养老服务需求市场的细分则十分必要。基于养老服务市场细分的政策性机构性安老、居家式社会化养老和自助式市场化享老可以分别满足经济条件一般、身体状况较差、失能半失能老人，经济条件较好、身体状况一般、普通老人和经济条件很好、身体状况良好、相对年龄较小老人的养老需求。①

二、养老服务的实现方式：在特定社会关系网络中不断提升养老服务质量

我们每个人都生活在特定地域、特定的社会关系网络之中，这种特定社会关系网络所承载的社会资源和社会资本，是我们每个人得以发展的社会基础，也是我们每个人获得社会服务的基本来源。对于养老服务而言也是如此。

养老服务是针对老年群体特定的社会需求提供针对性养老供给或服务的过程，因而，养老服务的质量就是养老供给与养老需求匹配的精准化程度。由于老年个体生活的特殊性，每个老年人的养老服务需求具有一定的个性化特征，这种养老服务的个性化特征，既与养老年人身体状况的个体差异有关，也与老年人所处的社会关系网络有关。社会关系网络是个人因

① 唐敏：《失能老人养老服务的理论模型、系统构成与支持体系》，《社会保障评论》2018 年第 2 期。

各种社会性关系而形成的人际关系网络，是个体赖以生存的社会基础。在个人不断成长的社会化过程中，每个人都形成了具有一定特质的社会关系网络，如家庭网络、人际网络、社区网络、政策网络甚至数字网络等。不同的社会关系网络的广度（社会关系网络中因人际联系所形成的节点多少）与强度（社会关系网络中因人际联系的密切性所形成的关系强弱程度）决定着每个人在这些家庭网络、人际网络、社区网络、政策网络甚至数字网络中拥有社会资源的多少，因为每个人即每个节点上都承载着众多的社会资源。而这些家庭资源、关系资源、政策资源、经济资源和数字资源的优质程度（资源的聚集度）和价值大小（资源的价值度）则决定着每个人在社会服务或养老服务中可获得的社会资本的大小或多少。这些家庭资本、经济资本、社会资本和数字资本的可流通性和可交换性，为个体消费社会服务提供了一定的经济基础，它直接影响着老年人获得日常生活服务、健康服务、医疗服务、休闲娱乐服务、心理服务和智能技术服务的可获得性和各社会主体提供各类养老服务的可及性，最终影响养老服务的质量（如图 2）。因此，养老服务就要在各服务主体提供共性化养老服务的同时，不断满足老年人的性化养老需求，进而提升养老服务的整体质量。

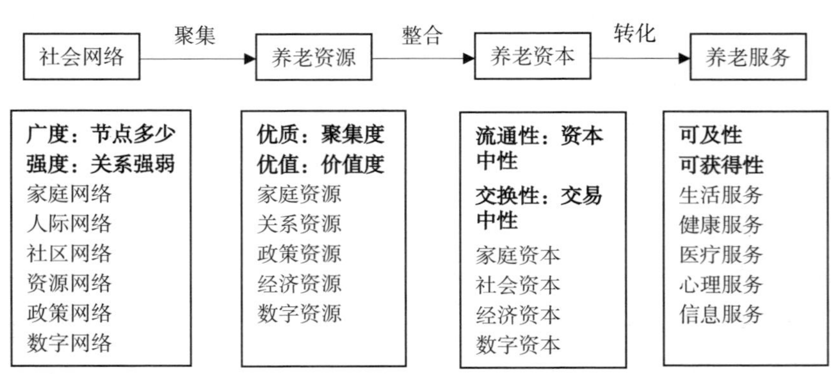

图 2　养老服务的实现方式与路径

我国养老服务资源众多，基于中国传统文化所形成的社会力量服务资源、基于强有力的政府管理所积累的财政与政策资源和日渐增长的市场经济资源等，都有可能成为我国养老服务的重要资源。但由于长期体系分割，这些资源相互分散，并没有形成有效、聚集的养老服务体系。养老资源众多但相互分散，养老制度林立但各自为政，这些供给侧结构性、不平衡性、不充分性的问题在为老服务中更加突出，严重制约着我国养老服务的质量和养老服务事业的发展。

在不平衡、不充分的养老服务供给与不断增长的养老服务需求矛盾中，要不断实现与提升养老服务质量，就必须从老年群体的养老需求出发，在老年人特定的社会关系网络中寻求养老资源和养老资本，以实现老年群体养老服务的可获得感、幸福感和安全感。

首先，拓展和强化老年人和老年群体的社会关系网络，为养老服务奠定社会基础，是养老服务质量实现和提升的前提。正如马克思所言，人是一切社会关系的总和，每个人都生存于一定的社会关系之中，这些社会关系是人的社会性的重要载体。伴随着个体的成长和社会化的实现，每个个体都形成了自己独有的社会关系网络，并且社会活动和社会流动的强化，这些网络都不断扩大。但是对于老年人来说，随着职业活动的退出和子女的成长成家，老年人的社会关系网却越来越松散或萎缩。在家庭网络中，子女的外出工作或成家立业多数会远离父母，使家庭关系网络日益松散，许多空巢老人和独居老人正是老年人社会关系网松散或萎缩的标志。这就为老年人的家庭养老带来了困难。随着老年人退出职场、进入社区，原来职业活动中积累的人际联系往往会疏远，需要在社区中建立新的人际联系。如果个别老年人社会适应能力不足，或缺乏社区支持，这些老年人的人际关系网则非常脆弱。① 加之随着老年人身体机能的衰退和认知能力的退化，其对各类资源网络和新技术带来的数字网络缺乏认知，进一步表现出整体社会关系网的脆弱性。因此，创设或强化子女接近父母生活的社会条件，加强社区支持拓展老年群体的人际关系网，提升老年人对身边养老

① 侯冰：《老年人社区居家养老服务需求层次及其满足策略研究》，《社会保障评论》2019年第3期。

资源和新技术的认知等，是实现和提升养老服务质量的基础①。

其次，在社会关系网络中优化养老服务资源配置，为养老服务奠定经济基础，是实现和提升养老服务质量的重要保障。② 每个人都在家庭中成长，在家庭生命周期的不同阶段都面临着不同的任务。子女弱小时父母对未成年子女的养育是父母的责任，子女成年后对日渐衰老的父母赡养是子女的责任，这正是中华文化的传统美德。因此，成年子女的在规划自己的职业生活中，应充分考虑父母、特别是年事已高父母的需求，以家庭整体利益最大化作为人生选择的依据，以实现家庭资源的优化配置。每一个老年人应提前进行养老经济准备，在自己进入职业活动之后，根据个人的年龄、风险偏好、资源拥有状况，做出资产配置计划；在退休之后，根据家庭成员的收入水平、健康状况等进行资产组合，以保障家庭资产在个体工作期与退休期及家庭成员之间的合理分配。鉴于老年群体对其他养老资源如政策资源和技术资源等的不敏感性，政府在养老服务政策的制定和公益养老服务中，要充分研究了解老年群体的差异化需求，针对不同需求的老年群体制定可及的、差异化养老服务政策，以提高养老目标人群的政策瞄准率；基于我国日益严峻的养老问题，政府更应进行养老资源的动员与整合，以标准化流程与规范和质量控制引导市场主体、社会主体介入养老服务过程；③ 各市场主体在为老产品、为老技术和为老服务的研发与设计上，充分研发针对老年群体特点的各种养老服务产品和技术，避免对老年人的造成一定的新技术排斥。政府、市场主体和社会主体还必须依据养老服务需求的变化和养老服务条件的变化不断进行养老服务的制度创新、管理创新、方式创新和产品或项目创新，最终通过各类养老服务资源的优化配置

---

① 张新辉、李建新：《社区老年服务供需动态变化与平衡性研究——基于 CLHLS2005—2014 的数据》，《社会保障评论》2019 年第 2 期。

② 何文炯：《论中国社会保障资源优化配置》，《社会保障评论》2018 年第 4 期。

③ 蒲新微：《养老服务的规范化建设要求及其实现路径》，《厦门大学学报（哲学社会科学版）》2019 年第 4 期。

为养老服务质量实现和提升提供经济社会基础。

最后，在社会关系网络中聚集养老服务经济资本，不断提升养老服务水平，是实现和提升养老服务质量的根本保证。养老服务质量从本质上由靠经济支持程度决定的，经济资本决定了养老服务的水平和质量。在老年群体社会关系网络中聚集的养老资源，只有转化为养老服务的经济支持或服务支持，才能真正为老年群体的养老消费而实现。家庭网络中的家庭资源，在代际之间有经济或物质的积累，其在养老服务中具有较高的消费效用，是养老服务质量的最重要支撑。政策网络、资源网络、关系网络中聚集的政策资源和经济资源则是以养老保险（社会养老保险或商业养老保险）的方式为养老服务提供了稳定的经济支持，是养老服务质量实现和提升的基本保障。数字网络中聚集的数字资源，目前还未被人们普遍运用，但以互联网、物联网、物流配送、远程诊疗等为技术支持的智慧养老，是未来养老服务的发展方向，也是养老服务质量实现和提升的关键。伴随着现代信息社会的发展，未来社会中的数字网络、数字资源和数字资本，越来越日益影响着人们的社会生活。对整体知识水平不高的我国老年群体而言，如何跨越数字鸿沟，消费信息社会带给人们的数字生活，享受数字资源和数字资本所创造的智慧健康养老服务，是未来信息社会养老服务方式创新的基本趋势。智慧养老服务以智能化、精准化的技术手段，不仅能够将养老服务中的财政补贴、养老基金、私人与商业养金和社会力量养老资源有机整合，以实现养老服务的经济资源优化配置，而且能够对养老服务的各类需求和不同需求进行精准识别，有利于有限的养老服务资源的最优化配置。

因此，拓展老年人际网络，优化配置养老服务资源，聚集整合养老服务资本，保障有质量、有尊严的老年生活，是养老服务的基本目标。

三、养老服务治理路径：在养老服务中实现不同利益主体的合作收益

包括养老服务在内的民生保障治理是国家治理体系与治理能力现代化的重要组成部分。国家治理体系与治理能力现代化就是要运用先进的治理理念、科学的治理工具和现代化的治理技术实现国家的长治久安。以养老服务为主要内容的民生保障治理也是如此。

民生保障是不同责任主体为实现和保障公民的民生保障权益而形成的合作共同体。各责任主体依据自身的资源禀赋和经济条件分别承担个体责任、共同责任和公共责任，形成了既有分工又有合作的民生保障体系。通过全社会的民生保障体系，各责任主体在履行民生保障责任的同时，也实现了各自的利益诉求，最终实现全社会民生保障的合作收益。

养老服务是我国当前至本世纪中叶面临的最主要的社会问题之一，养老服务的有效治理事关民族复兴大业的顺利实现。因此，在养老服务体系不断完善的基础上，不断健全养老服务的治理体系，提升养老服务治理能力的现代化水平，是积极应对人口老龄化的重要举措。

养老服务治理就是运用先进的治理理念、科学的治理工具和现代化的治理技术，通过动员养老服务不同供给主体的积极参与和有效激励，以及对需求主体的需求开发和合理引导，从而保障养老服务的供给与需求适应性匹配，进而保障养老服务实现过程和方式的有序运行。养老服务治理体系就是建立合理的治理结构，通过结构性治理形成组织内部利益相关者之间的制衡机制，通过决策机制、监督机制、激励约束机制和自我调控机制的设置来规定或规范不同角色的权力与责任，因此结构性治理实质上是一个组织“权力”的分配与支配机制问题。养老服务治理能力就是在组织与环境的互动中通过环境的输入与输出对组织产生的制约与适应。作为社会

系统中的一个“自组织”系统，任何组织都存在与社会环境的物质、能量、技术、文化等资源的交换，因此功能性治理实质上是一个“资源”的配置与分配机制问题。结构性治理和功能性治理是实现养老服务治理体系和治理能力的基本途径（如图 3）。

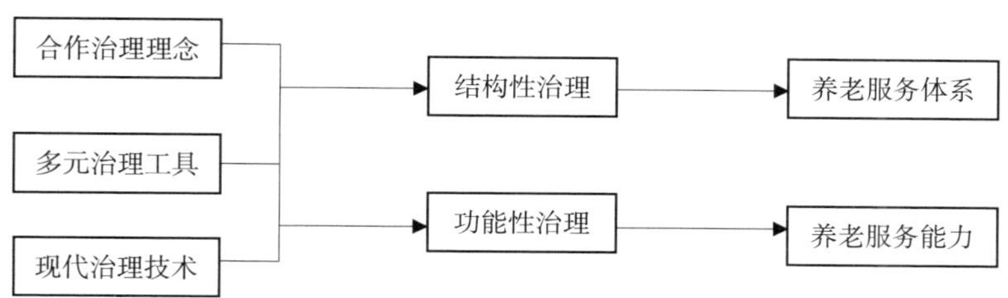

图 3　养老服务体系与能力的治理路径

当代社会由于流动性和信息化的影响，无论社区等区域性社会还是国家或国际等整体性社会，人与人之间都有着错综复杂的各种联系，具有“人类命运共同体”的典型特征。人类社会事务的形成与持续，是缘于人类的联合行动。这种联合行动的关键是人类合作机制的达成。合作是人类自组织的均衡，是人类理性的必然选择。由于合作能明显增加合作各方的收益，所以，具有发达理性的人类选择合作也就成了必然。对于要求合作各方而言，都存在着一种推动合作的理性动力。时间的演进和合作各方的不断磨合会使合作制度越来越加有效；同时，人们之间合作的意识也会越来越浓。人们之所以选择合作，是因为合作能产生收益（公共收益、共同收益和个体收益）。合作秩序之所以必要，是因为它能够为合作各方带来额外收益，使他们共享或分享。合作秩序之所以可能，则是因为存在着正式或非正式的制度条件，能把利己者和利他者的行为规整到有利于合作秩序的范围之内。就养老服务而言，家庭网络中的养老，是基于血缘关系是代际传承和社会继替的基础。生老病死是人生之常态，家庭网络中年轻一代对年老一代的养老，是人类血缘式合作的重要内容。经济组织和社会服务组织参与养老事务，除了组织经济价值和社会价值的追求外，组织成员家庭中的养老事务的妥善安排，也是组织成长的重要影响因素，因而经济组织与社会服务组织参与养老事务，是人类经济合作与社会合作的内容之一。政府参与养老服务，是由于我国人口老龄化的严峻形势，已经使原来作为个人家庭的私人事务，转化成为影响国计民生的国家事务。政府从政策供给、财政供给和社会动员的途径规划、引导或直接参与养老服务的提供，是人类政治合作的重要内容，因此老百姓的安居乐业就是最大的政治。

互通有无的“互惠互利”型经济合作，目的是保障人类互通有无的交换活动的公正性，以实现交换双方的互惠互利，其基本动力是“互需、互补、互惠、互利”。共同提高福利水平的“共创共享”型社会合作，其目的是保障人们交换之后消费物品的公正性，以实现人们通过共创、共建等生产活动而对收益的共享，其基本逻辑是“共生、共识、共建、共创、共享”，维护社会秩序的“共处共生”型政治合作，目的是保障人类共同体的和平共处，以防止人们之间的相互侵害，其基本过程是“平等、合作、融合、和谐”。因此，运用合作治理理念，进行养老服务治理，是不同类型的养老供给主体有效满足不同层次老年群体养老需求的基本思路。所谓合作治理，就是养老服务的多元参与主体，运用政策工具，优化配置社会资源，并通过有效的风险控制和成本控制，实现养老服务过程有序化、全社会养老服务利益最大化、不同利益主体在养老服务中收益分配合理化的过程。

养老服务的有效治理，还必须选择科学的治理工具。养老服务本质上是通过政府组织的政策供给和财政供给、经济组织的市场供给、社会组织的服务供给和家庭网络的家庭照顾等供给，满足老年人内容庞杂、方式多样、水平不断提高的养老需求的过程。这一过程涉及政策科学、财政科学、经济学、社会学、管理学、医疗保健科学、老年科学等。只有运用科学理论和方法，研究养老服务的内在机理，分析不同行动主体的行为逻辑，梳理养老服务供给的制约因素与实现路径，探索不同利益主体激励相容的有效方式，才能形成养老服务供求适应性匹配和供求均衡的最优方案。而政策工具、经济手段、志愿机制和文化伦理的综合运用，是养老服务有效治理的重要条件。

养老服务的有效治理，要充分运用人类创造的现代化治理技术。在当今技术不断创新的时代，人们对一切生活事务的制度安排，必须预见到未来技术对社会生活和管理方式的影响。当代人类发明的多种技术不仅是提供养老服务的重要手段，而且是养老服务治理的重要工具。互联网、物联网信息技术在养老健康服务中的运用，极大提高了健康诊疗的便捷性和准确性；互联网、物联网技术在养老生活服务中的运用，极大提高了老年生活服务的丰富性、安全性和可获得性；信息技术在养老服务治理中运用形成的智慧养老服务，可有效整合养老服务中的人口流、业务流、信息流、资金流和政策流，实现养老服务包对包（机构养老）、点对点（居家养老）和包对点（智慧养老）的资源整合，从而极大提高养老服务治理的有效性和包容性。[①] 我们应该相信，随着区块链技术的日渐成熟，区块链技术将以更高形式的点对点方式成为养老服务配置资源和养老服务治理整合资源的有力技术支撑。这些现代治理技术对养老服务过程的控制和养老服务资源优化，对提升养老服务治理能力和养老服务供给质量具有十分重要的作用。

面对我国人口老龄化形势的不断发展，我们面临着人口老龄化对我国社会经济的冲击与挑战。但与此同时，我国以人民为中心的执政理念所形成的社会主义制度优势、深化改革开放积累的经济优势、新技术革命创造的技术优势和基于中国文化积淀的社会优势，必将在养老服务领域不断显现，使老年群体的获得感、幸福感和安全感不断提升。

① 席恒、任行、翟绍果：《智慧养老：以信息化技术创新养老服务》，《老龄科学研究》2014 年第 7 期。

第五篇

开展志愿服务，营造养老孝老敬老社会环境

养老服务业发展中的志愿服务*

郑功成

（中国社会保障学会会长、中国人民大学教授）

这次论坛以“养老服务业发展中的志愿服务”为主题，学界与实务界专业人士共同探讨，可以视为我国养老服务业与志愿服务走向有机结合的一个开篇。

在养老服务发展中引入志愿服务，是我国养老服务向前发展的必由之路。养老机构中引入志愿服务是一种国际惯例，如我到过的比利时、日本等国和我国香港地区，两者就结合得很好，我们也需借鉴。这种做法的好处有三：一是可以节省养老机构的人力投入，降低其运行成本，从而是增进其公益性的可行途径。二是借助社会力量，使机构提供的养老服务扩展并增值，缓解养老服务供给的局限性。因为任何养老机构都不可能储备多种专业服务人才，而老年人的需求不仅具有差异性，而且会伴随时代的发展进步而不断升级，通过志愿服务的方式可以让社会上的各种人才为老年人提供服务，这将会提升老年人的获得感与生活质量。三是通过志愿服务能够弘扬社会公德，进而增进社会团结，并形成良好的社会风尚，最终实现人人参与、人人尽责、人人共享的社会养老环境。因此，将养老服务与志愿服务有机地结合起来，不仅能助力养老服务业的健康发展，而且也为志愿服务的发展提供了契机，从而是一举多得的行动，值得大力推进。

---

* 在 2019 年 10 月 10 日第五届中国养老服务业发展高层论坛开幕式上的发言，原文发表在《中国红十字报》（2019 年 10 月 15 日第 6 版），有删节。

我国是有着异常深厚的志愿服务传统的国家，现在到了应当弘扬的时候了。我国向来将养老视为家庭内部事务，并通过家庭成员之间的相互服务来解决问题，但邻里互助、亲友互助等传统自古以来就异常深厚，这其实就是一种志愿服务，是建立在家庭伦理（纵横延伸）与社会伦理（远亲不如近邻）基础之上的志愿服务。在改革开放前，雷锋精神传播的就是志愿服务精神，农民付出义务劳动也可被视为一种志愿服务。因此，中国从来不缺志愿服务的精神与文化。但近几十年来，由于人口的大规模流动，陌生人社会取代了熟人社会，代际关系、邻里关系、亲友关系等也由紧密型走向松散型，传统的志愿精神及其支撑的志愿服务一直在走向式微，这显然不利于社会和谐，并导致老年人的养老不适应性。因此，我国急切需要弘扬志愿精神，发展志愿服务，而将志愿服务引入养老服务业无疑是最能够得到社会认同，并使传统的局限于亲友邻里的志愿服务走向社会化的最佳取向。

养老服务业中的志愿服务应当是专业的志愿服务。专业的志愿服务，是指由具备相应的专业技能并能够承担与养老机构专业服务人员一样的职责与使命，有相对固定的岗位和上班时间，能够替代或者部分替代全日制职工的志愿者提供的服务。养老服务领域中的志愿者，应当是经过专业培训并需要具备相应资格条件的人。善爱之心是志愿者无偿服务的思想或道德基础，但仅有善爱之心是不够的，还需要具备相关的资格条件。如具备专业的护理知识或相关专业技能，不是一次性而是可以连续性地提供相关服务。而对机构而言，则须明确其与志愿者的法律关系，在赋予其责任的同时也明确其权益。我们需要的是可以替代或部分替代全日制职工的志愿者，而不是临时性、一次性的志愿者；我们需要的是能够承担法律责任的志愿者，而不是未成年人或者缺乏承担民事责任能力的人。养老机构与志愿服务提供者的关系必须建立在符合法律程序与法律规范的基础之上。只有这样，才是成熟的志愿服务。这并不是排斥未成年人为老年人服务，而是未成年人缺乏责任承担能力，他们参与机构养老的某些活动可能增进老年人与社会的融合，这是值得弘扬的，但并非是我们需要的专业志愿服务。

我国养老服务领域的志愿者应当主要来自老年人。我国于 1999 年迈进老龄社会，现在正快步进入少子高龄化时代，传统的家庭养老难以为继，而社会养老服务发展得也不理想，总量供给不足与结构严重失衡并存，最关键的是谁来为老年人服务。我的结论是，只有老年人群体才是最有潜力的群体，即是低龄、健康老年人为高龄、失能老年人提供志愿服务，倡导老年人互助，在助人者有需要时能优先享受到其他人的服务。如果能形成这样的局面，就可以从根本上解决养老服务人力不足的问题，并实现代际间的良性循环。希望曜阳养老机构能够在这方面努力，成为一面旗帜。

健全发展中国特色的养老服务体系，大力开展养老志愿服务*

房　宁
（中国社会科学院政治学研究所党委书记、研究员）

习近平总书记在党的十九大报告中指出，要健全我国老年人关爱服务体系。健全发展我国的养老服务体系，是我国全面建成小康社会的重要领域，也是中国共产党以人民为中心带领中国人民建设美好幸福生活的重要目标。

众所周知，中国是世界上人口最多的国家，也是世界老年人口最多的国家，又是世界上最大的发展中国家。目前，我国正在经历从工业化快速发展阶段转向中低速发展的转换期。从世界主要工业化国家的历史经验看，这一时期也将是社会人口结构转换的时期，人口老龄化会加速来临。一方面，到 2018 年我国 65 岁及以上的人口已达 15831 万，占全国总人口的 11.4%。另一方面，我国新出生人口在减少，2017 年我国全年出生人口为 1723 万，比 2016 年减少 63 万。一切迹象都无可辩驳地表明，中国人口老龄化的进程在加速。有数据显示，6 年以后，即 2025 年，中国将成为超老龄国家，成为世界上老龄化程度最高的国家之一。现在和未来，中国社会的一项重要而紧迫的任务是要建成世界上最大的养老服务体系。

中国共产党是代表中国人民根本利益的党，是中国社会进步的领导力

---

* 在 2019 年 10 月 10 日第五届中国养老服务业发展高层论坛主论坛上的发言，全文刊登于《中国红十字报》（2019 年 10 月 15 日第 6 版），有删节。

量，是中国人民的主心骨。中国共产党的初心和使命是为中国人民谋幸福，为中华民族谋复兴。老有所养涉及千家万户，涉及每个中国人的重要幸福，是关乎每一位老人、每一个有老人的家庭幸福的大事。从这个意义上讲，发展中国的养老服务体系是实现中国共产党的理想信念，践行党的宗旨的大事，是中国的一个大政治。我们也应当从讲政治的高度，看待和发展我国养老事业，建立和建设好我国的养老服务体系。

办好中国的养老事业、建设好中国的养老服务体系，和办好中国的各项事业一样，必须从中国的实际出发，结合国情，因地制宜、与时俱进。必须办出中国特色。什么是养老事业、养老服务体系的中国特色？在我看来，专业化和社会化并举应当是中国养老事业、养老服务体系的重要特色。

所谓“专业化”就是现在方兴未艾的各种层级、各种形式的养老服务机构。中国专业化养老服务体系建设的重点和关键是，大力发展和建设遍布中国城乡、深入社区的各类养老机构，培养大批具有专业技术资格的养老机构的管理人员和服务人员。在这方面，中国与发达国家和地区比还有很大差距，还要做大量艰苦工作，付出艰苦的努力，国家和社会还要做大量的投入。现在，中国的养老服务机构建设在和老龄化进程赛跑。人民长寿历来是中国社会进入太平盛世的重要标志。但如果不能做到老有所养、老有所依，就会降低全社会的幸福感受。

社会化是推进中国养老服务体系建设又一重点和关键。由于我国国情，从近期和中期看，专业化的养老服务机构建设即使是超常规发展也很难满足我国养老的需求。专业化养老服务机构的发展要受到我国仍然是发展中国家、我国将长期处于社会主义初级阶段的基本国情的制约。因此，中国特色的养老服务体系建设必须两条腿走路，必须在大力发展专业养老机构的同时，大力推进养老社会化服务体系的建设。而社会化养老服务体系的核心是培养和建设一支养老服务志愿者大军。

志愿者服务在我国也是一个方兴未艾的事业。联合国将志愿者定义为“不以利益、金钱、扬名为目的，而是为了近邻乃至世界进行贡献活动者”，这是指在不获取任何物质报酬的情况下，能够主动承担社会责任而甘愿奉献个人的时间及精神的人。根据中国情况看，志愿者可以这样定义：“自愿参加相关团体组织，在自身条件许可的情况下，在不谋求任何物质、金钱及相关利益回报的前提下，合理运用社会现有的资源，志愿奉献个人可以奉献的东西，为帮助有一定需要的人士，开展力所能及的、切合实际的，具一定专业性、技能性、长期性服务活动的人。”

改革开放以来，特别是进入21世纪的近20年来，在北京奥运会等大型社会活动的带动下，中国的志愿者服务活动有了很大发展。但从养老服务事业的角度看，我国志愿者服务活动还十分落后。为大力推进我国养老社会化服务体系建设和大力发展培育养老服务志愿者大军，我们应当在三个方面作出努力。

第一，大力宣传养老服务事业，进行广泛社会动员，吸引众多青年志愿者参与到社会化养老服务体系建设中来，成为一支社会化养老服务的生力军。

第二，做好养老志愿者的培训和组织工作。养老服务与其他活动性的志愿者公益服务不同，是一项长期常规化的志愿者公益服务活动，需要专门的培训和组织。

第三，开展养老志愿者公益服务的研究工作。中国红十字总会以及下属的专门机构要做好基础性工作，推动国家制定促进有关养老志愿者公益服务活动的政策，甚至是相关法律，为推进社会化养老服务体系建设和培育养老志愿者大军提供制度保障。

大力发展老龄志愿服务，积极应对人口老龄化*

于建伟
（中国老龄事业发展基金会理事长）

根据本次论坛的主题，今天我就发展老龄志愿服务，有效应对人口老龄化做个发言，讲四个问题。

一、我国人口老龄化的基本情况

人口老龄化是世界各国共同面临的挑战。我国自 20 世纪末进入老龄社会以来，人口老龄化快速发展，呈现出如下特点：

一是规模大。2018 年，60 周岁以上人口 24949 万人，首次超少儿人口。预计 2025 年超 3 亿，2033 年超 4 亿，2050 年接近 5 亿。

二是来势猛。老龄化水平从 1999 年的 10%上升到 2018 年的 17.9%，其中 65 周岁以上人口 16658 万人，占总人口的 11.9%；预计 2053 年峰值时将接近 35%。

三是不平衡。东部率先进入老龄社会，中西部跟进，具有由东向西

* 在 2019 年 10 月 12 日第五届中国养老服务业发展高层论坛主论坛上的发言，全文刊登于《中国红十字报》（2019 年 10 月 15 日第 7 版），有删节。

的区域梯次特征。最早进入的上海比晚进入的宁夏、西藏等地相差30年以上。

四是未富先老。发达国家是在基本实现现代化的条件下进入老龄社会的，属于先富后老或富老同步。而中国则是在尚未实现现代化，经济尚不发达的情况下提前进入老龄社会，属于“未富先老”。

五是带病生存老人多。现在我国人均预期寿命是77岁，而健康预期寿命仅为68.7岁，也就是说有8年左右的时间带病生存。尤其是失能、半失能老年人持续增加，目前已达4000万左右，老年人的医疗卫生服务需求和生活照料需求呈现叠加趋势。

有专家用“四超”概括我国老龄化特征：超大规模的老龄人口、超快速度老龄化进程、超早进入老龄化阶段、超稳定的老龄化结构。

老龄化标志着人类长寿时代的到来。解放初我国人均预期寿命35岁，2018年已经达到77岁，70年人均预期寿命翻了一番还多，这是经济社会发展的伟大成果，是人民生活水平提高的显著标志，是中国特色社会主义制度优越性的重要体现。

人口老龄化是贯穿我国21世纪的基本国情。老龄化问题绝不仅仅是个养老问题，而是一个涉及国家经济、政治、文化、社会以及生态文明建设的全局性问题。它带来了挑战，也带来了机遇。我们要认真贯彻党的十九大精神，积极应对挑战，主动抢抓机遇，大力推进老龄事业和产业发展，不断满足亿万老年人美好生活需要。

二、发展老龄志愿服务是应对人口老龄化的必然要求

人口红利渐行渐远。2011年我国16—59岁劳动人口达到峰值9.41亿人，随后绝对数量逐年下降。2018年劳动人口跌破9亿，约为8.97亿人，

比 2017 年年末减少 470 万人。

老年群体是一个巨大的人力资源宝库。我国 59—60 岁老人达 1.4 亿，大部分是活力老人，相当一部分七八十岁的老人依然在做着力所能及的事情。他们是国家的宝贵财富，是参与经济社会发展宝贵的人力资源。

老年人参加志愿服务有诸多优势。一是时间优势。青壮年忙于学习工作，还要赡养父母抚育后代，其中很多人虽有参与志愿服务的愿望，但少有参与志愿服务的时间和精力。而老年人时间充裕。二是素养优势。老年人受教育多年，绝大部分爱党爱国、遵规守矩，具有良好的生活习惯和道德品行，具有丰富的知识、技能和经验。三是威望优势。很多老年人德高望重，在教育下一代、调解民间纠纷、维护社会和谐稳定等方面，具有得天独厚的优势。

著名科学家袁隆平 90 岁还深入田间地头，研究提升杂交水稻产量。吴孟超院士 95 岁还坚守在手术台前服务患者。97 岁高龄的泰斗级人口学家、老年学的开拓者邬沧萍教授，至今仍笔耕不辍，活跃在讲坛。这样老有所为的例子不胜枚举。事实上，数以亿计的老年人仍在为国家和社会做贡献。据统计，目前全国老年志愿者已经超过 2000 万。

三、发展老龄志愿服务是保障老年人权益的重要举措

《中华人民共和国老年人权益保障法》第三条规定：国家保障老年人依法享有的权益。老年人有从国家和社会获得物质帮助的权利，有享受社会服务和社会优待的权利，有参与社会发展和共享发展成果的权利。可见，“参与社会发展”是老年人的一项重要权利。对此，老年人权益保障法还专章做了规定，其中第六十六条规定：国家和社会应当重视、珍惜老年人的知识、技能、经验和优良品德，发挥老年人的专长和作用，保障老

年人参与经济、政治、文化和社会生活。第六十九条规定：国家为老年人参与社会发展创造条件。根据社会需要和可能，鼓励老年人在自愿和量力的情况下，从事下列活动……参加志愿服务、兴办社会公益事业。

习近平总书记十分重视发挥老年人作用，他曾强调，老科技工作者人数众多，经验丰富，要支持和鼓励他们发挥优势特长。孙春兰副总理在全国“敬老月”主题宣传活动启动仪式上提出：要鼓励老有所为。加强老年人力资源开发，为广大老年人发挥作用创造更多机会和平台。为老年人参与社会治理、文教卫生、公益慈善、民事调解等工作创造条件。

低龄老人为高龄老人服务，健康老人为失能老人服务是老年人参与志愿服务的重要内容。在这方面，我国法律和有关文件也有明确规定。老年人权益保障法第三十八条规定：“倡导老年人互助服务”。国务院办公厅印发的《关于推进养老服务发展的意见》提出：大力支持志愿养老服务，积极探索互助养老服务。大力培养养老志愿者队伍，加快建立志愿服务记录制度，积极探索“学生社区志愿服务计学分”“时间银行”等做法，保护志愿者合法权益。民政部、卫健委、国务院扶贫办、全国老龄办等 9 单位于 2017 年 12 月 28 日印发的《关于加强农村留守老年人关爱服务工作的意见》指出：广泛开展关爱农村留守老年人志愿服务。鼓励低龄健康老年人为高龄、失能留守老年人提供力所能及的志愿服务，探索建立志愿服务互助循环机制。当前我们的重要任务就是，使法律和政策的规定能够有效落地，成为实际行动。

四、中国老龄事业发展基金会及其项目简介

中国老龄事业发展基金会作为全国唯一的“国”字号专门从事为老服务的基金会，自 1986 年成立以来，紧紧围绕党和国家工作大局，积极

动员社会力量筹集善款，有效实施了“爱心护理”“智慧养老”“幸福养老大课堂”“健康养老人才培训”“大爱无疆资助贫困老人”“致敬抗战老兵”等项目，形成了有影响力的品牌。其中“致敬抗战老兵”项目，荣获2018年第十届“中华慈善奖”。中国老龄事业发展基金会与中影股份、北京知梦、安馨养老联合出品的电影《一切如你》，被全国老龄办推荐为首部人口老龄化国情教育影片。

目前，我国农村老龄化程度重于城镇，2018年，我国城镇常住人口83137万人，占总人口比重（常住人口城镇化率）为59.58%，但农村老人占全国老年人口的一半以上，农村老年人口的比例高于城市，养老问题更为突出。尤其是农村大批青壮年进城就业，形成了1600万农村留守老年人，他们是最需要关心帮助的老年群体。

中国老龄事业发展基金会根据党的十九大报告关于加快建立健全农村留守老年人关爱服务体系和《关于加强农村留守老年人关爱服务工作的意见》等文件精神，启动实施“乐龄陪伴——农村留守老人关爱工程”。这是经反复研究、主管单位同意并在全国“敬老月”主题宣传会议上向全社会公布的服务项目。我们将多方募集善款善物，有效整合社会资源，在农村建设“乐龄陪伴智慧老年之家”，组建敬老志愿者队伍，建立远程服务系统，为农村留守老人提供生活照料、健康管理、心理关爱、学习教育、法律援助、安全防护等服务。促进发展社会扶得起、村里办得起、农民用得上、服务可持续的农村幸福院等互助养老设施。真诚欢迎大家支持和参与到这个项目中来。

弘扬红十字精神，开展养老志愿服务，助力构建养老孝老敬老的社会环境*

江　丹

（中国红十字会总会事业发展中心主任）

习近平总书记指出，志愿服务是社会文明进步的重要标志，是广大志愿者奉献爱心的重要渠道。要健全社会参与机制，发挥有关社会组织作用，发展为老志愿服务和慈善事业。

一、志愿服务是新时代社会养老服务体系的重要内容

当前，在应对人口老龄化过程中，老年人及家庭对美好生活的期盼与养老服务发展不平衡不充分的矛盾日益明显，我们就要认真学习领会习近平同志的重要讲话精神，大力开展养老志愿服务。

（一）志愿服务有助于扭转当前养老服务供给总体不足的状况。面对数量庞大的老年群体的养老服务需求，当前我国养老服务供给呈现总体不足的态势，主要表现在：专业护理型床位不足，专业养老护理人员短缺，面向老年人的文化娱乐、健康保健、心理慰藉等服务产业还没有形成规

* 在 2019 年 10 月 10 日第五届中国养老服务业发展高层论坛开幕式上的发言，全文刊登于《中国红十字报》（2019 年 10 月 15 日第 7 版），有删节。

模。组织专业技术人员和爱心人士，大力开展健康护理、精神关怀等养老志愿服务，既可缓解养老护理床位的不足，也可缓解养老护理人员的不足，更能丰富各类老人的精神文化生活，推动老年文化产业的发展。

（二）志愿服务有助于满足广大老年人多样化多层次的养老服务需求。随着生活水平的普遍提升和人均寿命的显著延长，老年群体在日常照料、文体娱乐、心灵慰藉、医疗护理和自我实现等方面的需求呈现出多样化多层次的特点。志愿者来自各行各业，数量庞大，相当一部分志愿者具有一定的专业技能。大力开展养老志愿服务，特别是动员专业技术人员参与养老志愿服务，将有效缓解在现阶段养老服务行业人才专业水平整体不高、专业领域不能覆盖老年群体需要的紧迫问题。

（三）志愿服务有助于构建养老孝老敬老的社会环境。做好养老服务，需要党和政府、个人和家庭、企业和社会等各方面共同努力。志愿服务是社会文明进步的重要标志，有助于在全社会形成团结互助、平等友爱、共同进步的社会氛围和人际关系，增加和谐因素，促进公平正义，维护社会稳定。养老志愿服务作为养老服务中重要的社会参与形式，可以有效弥补政府托底和市场服务的不足，为政府分忧、为百姓解难，帮助弘扬尊老孝老的优良传统，积极营造养老孝老敬老的社会氛围。

二、红十字养老志愿服务的实践和探索

中国红十字会是党和政府在人道领域联系群众的桥梁和纽带。协助党和政府积极有效应对人口老龄化、织密织牢民生兜底保障网，是红十字会的责任与义务。志愿服务是国际红十字运动七项基本原则之一，是新时代中国红十字事业的重要工作内容。2017 年，中国红十字会总会、民政部、全国老龄工作委员会办公室共同发布的《关于红十字会参与养老服务工作

的指导意见》，明确提出了开展红十字养老志愿服务在内的四项主要任务。在总会的正确领导下，全国各级红十字会高度重视养老志愿服务工作，进行了积极而富有成效的探索。

（一）为社区老人开展志愿服务。据不完全统计，江苏、江西、湖南、山西、辽宁、吉林等省红会，在300多个城市，组织养老志愿服务团队，开展了社区养老志愿服务，为老年人提供日间照料、文体娱乐、健康保健等服务；以开展“博爱青春”志愿服务项目为契机，组织高校红十字志愿团队，围绕“情暖夕阳”主题，实施了“红土地的夕阳之歌”“夕阳当红、更需陪伴”“关爱孤寡老人、与老人心连心”“青春交响曲、夕阳梦之声”等多个助老志愿服务项目；在社区建立了“红十字爱老角”，配备康复理疗器材，让老人在家门口就能享受到免费的康复理疗服务。

（二）为养老机构的老人提供志愿服务。入住养老机构的老年人，失能、半失能老人较多，对专业医护服务需求比较大。各级红十字志愿服务队在开展生活照料、文体娱乐等常规志愿服务的同时，还注意发挥红十字会在医疗救护方面的特长。江苏省红十字会组织冠名红十字会医院的在职护士、红十字养老机构的在职护理员、医学院校护理专业教师以及已退休且有精力的护士，组建具有专业医护水准的养老志愿服务队，经常深入养老院、福利院、老人康复中心等养老机构，实施“博爱病房”项目，对失能、半失能老人开展饮食照护、排泄照护、清洁照护、用药照护、康乐照护等专业性医护志愿服务。

（三）探索开展农村养老志愿服务。农村“留守空巢老人”的问题，既是养老问题，也是脱贫任务。浙江省舟山市红十字会以“博爱家园”建设为载体，先后在全市地处偏远、留守老人和渔民较多的海岛村建立博爱家园13家，提高了红会志愿者为留守老人服务的能力。事业发展中心以定点扶贫的湖北省英山县水口村和叶家山村为试点，组建了以村支书为队长、党员干部为骨干、本村居民为主体并且包括乡医在内的曜阳养老志愿服务队，通过专业化培训提升他们的志愿服务能力。对村委会多余的办公用房进行改造，购置养老服务设施设备，设立老年活动中心和志愿者之家，为老年人和志愿者提供日常活动的场所。中心同时筹措资金设立了两个公益岗位，为从事志愿服务的人提供必要的支持与帮助，确保当地养老志愿服务的可持续发展。

（四）大力宣传优秀养老志愿者（团队）事迹。近年来，一大批红十字志愿服务优秀代表获评全国学雷锋志愿服务“四个 100”先进典型，其中不乏养老志愿服务先进个人和团队。2019 年 9 月，事业发展中心与中央广播电视总台合作，开展了“为老服务志愿者事迹展播及推广活动”。9 月 8 日，包括江西省红会推荐的章金媛南丁格尔养老志愿服务队在内的 7 个养老志愿服务团队及个人，已经在央视演播基地进行了现场节目录制。12 月 5 日世界志愿者日，整台节目将在 CCTV—12 频道播出。

三、不断完善红十字养老志愿服务的工作体系

2019 年 9 月 2 日，中国红十字会召开了第十一次全国会员代表大会，通过了《中国红十字事业发展规划纲要（2020—2024）》，明确提出“要发展壮大会员、志愿者队伍，强化培训、激励、管理、服务等工作，充分发挥他们在红十字工作中的主体作用”。《纲要》同时提出，要“探索参与养老服务工作的有效方式”。积极开展红十字养老志愿服务，是红十字会坚持党的领导、发挥红十字会作为党和政府在人道领域联系群众的桥梁和纽带作用、积极参与养老服务工作的重要举措。借此机会，我对做好红十字养老志愿服务工作提出几点建议，与大家共同探讨。

（一）进一步聚焦红十字养老志愿服务的工作对象。老年人根据能力情况分为活力型老人、自理型老人、半自理型老人、半失能老人和失能老人等类型。红十字会作为人道救助团体，必须坚持公益使命、弘扬红十字

精神，应优先面向半自理型老人、半失能老人和失能老人等弱势老人群体，提供养老志愿服务；对孤寡、高龄、失能等特殊困难老人，更要加大志愿服务力度，必要时还要提供人道救助。

（二）进一步丰富红十字养老志愿服务的工作内容。一是组织红十字会员和志愿者，深入社区、家庭和机构，为孤寡、高龄、失能等老年人，提供亲情关怀和精神慰藉等精神类志愿服务。二是引导冠名红十字医疗机构和其他爱心医疗机构，对经济困难的患病老年人提供免费或优惠的义诊、健康体检、专科治疗等健康类志愿服务。三是为遭受自然灾害、重大事故或意外伤害、临时需要救助的老年人提供临时志愿服务。

（三）进一步加强红十字养老志愿服务的队伍建设。一是要在志愿者组织招募上下功夫。要重点招募真心热爱红十字事业和志愿服务工作、富有工作经验、不图任何回报的爱心人士。二是要在志愿者技能培训方面下功夫。加强对红十字志愿者的日常训练和实战化演练，使其熟练掌握志愿服务的内容、方法和技能。三是要在志愿者及团队的教育管理上下功夫。坚持用“人道、博爱、奉献”的红十字精神，去教育引导红十字志愿者及服务团队，以思想共鸣凝聚人心，以严格纪律统一行动。四是在关心每一位志愿者上下功夫。各级红十字会，要真心关爱志愿服务团队及成员，精神上激励、工作上支持、生活上关心，努力把红十字志愿服务团队打造成有战斗力的团队。

（四）进一步构建红十字养老志愿服务的保障体系。一是加强政策保障，要将养老志愿服务纳入红十字志愿服务的整体范畴，适时制定红十字养老志愿服务专项规划，及时出台相关政策。二是加强制度保障。将养老服务列入基层红会绩效考核范畴，把养老志愿服务作为红十字会开展养老服务的重要指标。三是加强组织保障。鼓励各级红会建立专业化的养老志愿服务队伍，并纳入红十字系统评优范围，提升广大志愿者的积极性。四是加强技术保障。抓紧构建全国红会志愿服务信息平台，利用信息化和网络化手段，提升红十字养老志愿服务水平。需要特别说明的是，随着曜阳养老事业的发展，建设志愿服务互联网管理平台已成当务之急。中心与企业合作，已经研制了曜阳养老志愿服务信息平台。一会儿，我们将共同见证曜阳养老志愿服务信息平台的首发上线。

不积跬步，无以至千里；不积小流，无以成江海。只要我们团结一心，持之以恒，脚踏实地，一步一步往前走，就能够开创养老志愿服务的新局面。让我们以习近平新时代中国特色社会主义思想为指引，在党中央的坚强领导下，积极弘扬“人道、博爱、奉献”的红十字精神，大力开展红十字养老志愿服务，助力构建养老孝老敬老的社会环境，发展中国特色的养老服务事业，为全面建成小康社会和实现中华民族伟大复兴，作出新的更大贡献。

浅谈红十字养老志愿服务的专业化建设*

杨方方
(厦门大学教授)

志愿服务是红十字运动的起点和源头，志愿资源是红十字生命有机体的膀臂和血肉，志愿精神是红十字文化的种子和果实，志愿行动是红十字运动的微观图景，是特定主体与红十字价值观共鸣后能动性的实践输出。可以说，红十字事业起于志愿，成于志愿，归于志愿。

未富先老且正快速走向高龄化的中国面临着普遍而又紧迫的养老服务需求，养老志愿服务是需求紧迫的人道事业，是在人道大路上孜孜以求的红十字事业义不容辞的责任。

一、养老志愿服务是红十字事业的重要组成部分

人道具有开放性和延展性。人道的首要任务是保护生命，不断地促进人类健康和提升人类尊严是其不懈追求。红十字事业一方面通过“救护、救灾、救助”直接地、最大限度地保护生命和维护生命健康，另一方面与多项事业互促相融，携手为人道。从业务职能领域来看，这些事业包括减灾建设、平安中国、健康中国、社会保障、残障事业、公益慈善等。从服

---

* 在 2019 年 10 月 10 日第五届中国养老服务业发展高层论坛主论坛上的发言。

务对象类型来看，包括服务于生理性弱势群体、社会性弱势群体和地缘性弱势群体的各项人道事业。老年群体可谓是“弱势中的弱势”。“老弱病残”这个词的每个字都是老年群体的潜在风险，风险之重、长、异、变和衍生性，位列各类社会化风险之最。虽然以经济保障为主要保障形式的社会保障制度在日趋完善，但服务保障仍处于起步阶段。根据日内瓦公约对人道原则的阐释——优先救助需求最紧迫的人，养老服务需求是具有普遍性和紧迫性的人道需求，养老志愿服务也理应成为当下和未来一段时期内我国人道力量发挥作用的主要平台之一。红十字参与其中合理合情，参与效果则体现出红十字事业整体运作的专业性，影响其公信力和示范效应。可以说，对养老志愿服务的解读和专业化建设水平既是红十字事业当前专业化水平的体现，也预示着未来多触角延伸、适应、融合的能力，决定了一项开放、社会化人道事业可能的发展上限。

二、红十字养老志愿服务应突出红十字文化特色

养老服务需求的复杂性决定了红十字养老志愿服务专业化建设的艰巨性。如何做好红十字养老志愿服务？红十字养老志愿服务具有红十志愿服务的特征，又具有一般养老志愿服务的特征。红十字养老志愿服务应该是红十字特色的养老志愿服务，不应是一般养老志愿服务的红十字化，既要能够体现出红十字的文化特征，也要能传达出一般养老志愿服务应具有的亲和力和护理细致性。红十字养老志愿服务者是红十字文化在养老领域的传播者，红十字养老志愿服务应该结合红十字文化的特性走出一条属于自己的特色之路。

红十字文化的魅力在于本源和超越，融合和延展，以及积极“行动起来”。人道精神是红十字文化的核心，保护生命、生命平等是人道的前端

和底线，也是现阶段红十字人道精神的内核。红十字文化倡导的生命理念与人性的本源需求相通相融、浑然天成，具有人道本源性，与本源性相伴的就是超越性。红十字文化是一种动态文化，红十字文化传播工作具有阶段性和时代性。在当下的中国，生命理念、救助伦理、灾害理念和公益理念都是红十字文化的重要内容。国际人道法、“人道、公正、中立、独立、志愿服务、统一、普遍”七项基本原则以及《中国红十字会法》等是它的一种存在形式。传播红十字精神与文化，实质上就是培养各种共通感。如何培养共通感？不是简单地灌输思想，而是要进行情感培养，必须让红十字文化具体化、通俗化，让它在生活中“无处不在”。结合慈善公益、风险管理、突发事件、职业伤害、教育等领域的发展现状，“生命至上”理念可以进一步细化为“五捐”理念：陌生人伦理；“未雨绸缪”胜于“亡羊补牢”，“亡羊补牢”胜于“心存侥幸”的风险意识；预防先于补偿的工伤理念；灾害伦理；感恩教育等。

红十字志愿者应该是对红十字事业充满热情而又具有技能高超的积极奉献者。专业性体现在红十字志愿者是能独当一面的红十字行动者。红十字志愿者可能是人道精神的传播者，可能是生命救护的推广者、生命救援的参与者，也可能是体验式生命教育的倡导者、服务者，还可能是资源动员的劝募者以及健康救助的宣传员。专业的红十字志愿者必须掌握人道传播的基础知识和应急救护技能。在遭遇灾难的紧急情况下，这些知识技能可能就是生存和死亡的分界线，同时也是红十字志愿者区别于其他组织志愿者的重要标志。

三、养老志愿服务的专业化建设：从观念到行动

基于新时代的红十字文化与老年文化，红十字养老志愿服务应在提供

志愿服务过程中，对老年人进行观念引导和各项技能的普及，当然服务过程离不开制度的保驾护航。

红十字养老志愿服务应该传达积极的生命观、风险管理、老年观、残障观、医疗观、死亡观等。积极的生命观、医疗观意味着生命至上与生命质量、生命尊严存在矛盾的情景下老年人如何取舍，以及亲属应有的尊重。由此可见，养老志愿服务要引领的不仅是服务对象的观念，其亲属也在其列。积极的风险观强调风险发生类型和发生几率的个体差异，甄别特定个体的原发风险，积极预防。积极的残障观意味着“不另眼相看”，把残障“平常化”的同时，在服务方式细节上“两眼相待”，提高服务质量。积极的老年观意味着年龄不是区分强弱的标准，珍视老年群体蕴含的巨大能量，多开发老年志愿者，因为所谓“同理心”恰恰是因“熟悉”而产生的感同身受。积极的死亡观意味着科学地认识生命，对生命产生深刻而豁达的思考。古希腊哲学家伊壁鸠鲁（Ἐπίκουρος，约前341—前270年）说：“人不应该恐惧死亡，他应该恐惧的是从来未曾真正地活过。死不是死者的不幸，而是生者的不幸。”其实，死者也可以造福生者，用一种逝去成就奉献，那就是遗体和器官捐献。“我们曾经固执地认为土葬是生命的必然归宿，但如今我们却已经完全接受了另一种科学殡葬方式。”一位遗体捐献志愿者（吴梅臣）曾告诉子女，“身体不过是人在地球上居住的帐篷，随着生命的离去，它最终还是要损坏的。趁着它还没有损坏的时候，让它各个部件发挥应有的作用，这样生命也会因它所发挥的作用而得以延续”。当整体生命不可换回时，将我们生命的句号化为延续他人生命象征的省略号，甚至全人类医学发展的惊叹号，这将是多么具有科学价值与社会公德的义举。遗体器官捐献文化是红十字文化的重要组成部分。由于养老志愿服务的目标群体既是潜在的器官需方也是供方，红十字养老志愿服务理应且能够成为遗体器官捐献事业发展的重要推动力量。

行动是理念的外化，红十字养老志愿服务的专业性应体现在日常生活细节中。各种救护技能、逃生技能、紧急情况下的处理技能可以信手拈来，而且也是健康达人、常识达人。要想服务好老年人，不论是单纯地迎合老年人的需求还是主动引导需求，如何管理和使用好志愿者就特别关键。应该基于志愿者个体的供给优势特点而不是单纯地依靠人海战术。当然，不断整体提升志愿者对原发性风险和最易受损群体的识别能力和识别效率颇为重要。

根据霍曼斯的交换理论所述，生活在社会中的个人在进行社会事务操作时总会抱有各种各样的交换预期。因此，不能让志愿者一味“付出”，要认识到志愿者不仅是能无私付出的奉献者，也应该是有所获得的成长者、学习者，是有需求、有期待、有低谷和能力边界、有生活压力的普通人。志愿者管理必须是人性化管理，是注重平等沟通和情感沟通的柔性管理。应根据志愿服务的动机类型给予适宜的安排和适当的激励，提高志愿队伍的凝聚力。除了“志愿服务有所得”，也要认识到：志愿服务有成本、志愿服务有风险和志愿服务应该可累计。相应地，应该为志愿者必要的生存成本进行补偿；为志愿者提供必要的人身保障，如购买商业保险；建立一套能与青年志愿者和社区志愿者有效衔接的志愿者注册制度和相应的级别评定及嘉奖机制等。

总之，红十字养老志愿服务专业化的过程也是彰显红十字特色的过程，是增强红十字会综合实力的过程，是提升红十字社会认知度和公信力的过程。做好养老志愿服务，能给社会发展带来多重效应，也能够以点带面，全面推进红十字事业的发展。

附录

主办单位简介

中国社会保障学会简介

中国社会保障学会（China Association of Social Security，缩写CAOSS），是经国务院批准，民政部登记，由我国从事社会保障和相关领域（含社会救助、社会保险、社会福利、社会服务、优抚安置、慈善公益、职业福利及与之相关的商业保险等，下同）的专家、学者及有关单位自愿结成的全国性、学术性、非营利性社会团体。

学会的宗旨是：团结社会保障和相关领域专家、学者与专业人士，积极开展社会保障理论和实务研究、学术交流、教育培训、资政启民，促进社会保障学科建设和国际学术交流，为健全社会保障、提升人民福祉、促进社会和谐发展贡献力量。

学会的业务范围包括：（一）推动社会保障理论和实务研究，举行研讨会、报告会和专题论坛等活动，促进学术交流、信息沟通和理论、实务创新；（二）编辑和出版学会刊物、建立门户网站，开展社会保障咨询和宣传活动，普及社会保障知识；（三）推动社会保障学科建设与专业人才培养，开展社会保障培训活动，促进社会保障理论研究与实务工作队伍建设；（四）推动社会保障领域的国内、国际学术交流与合作；（五）承办有关部门或机构委托的其他工作，向社会保障政策制定机关与实施机构提出建议，开展会员欢迎、社会认可的其他活动。

学会于2015年2月28日在北京成立，第十一届全国人大常委会副委员长、原国务委员兼国务院秘书长华建敏任名誉会长，全国人大常委会委员、中国人民大学教授郑功成任首任会长。2020年7月18日，中国社会保障学会换届，郑功成教授连任会长。

学会下设秘书处、学术委员会、教学委员会、青年委员会和世界社会保障研究分会、社会救助分会、医疗保障专业委员会、养老金分会、养老服务分会、慈善分会等。现有个人会员1018位，来自全国340多所高校和中国社科院、国务院发展研究中心等重要政策研究机构。

学会出版物：《社会保障评论》（学术期刊）、《中国社会保障发展报告》（年度报告）、《民生专报》（内部资料）。

学会秘书处设在中国人民大学。

学会邮箱为caoss_org@163.com，网址为www.caoss.org.cn。

中国红十字会总会事业发展中心简介

中国红十字会总会事业发展中心是中国红十字会总会直属事业单位，于 2011 年 5 月经中编办批准正式成立，包括办公室、老龄事业部、教育事业部和项目拓展部 4 个内设机构，现有工作人员 34 人，其中博士 4 人、硕士 11 人。

长期以来，中心在总会党组的领导下，在顾问团队、专家团队、爱心人士等社会各界的大力支持下，大力弘扬“人道、博爱、奉献”的红十字精神，致力于公益养老、教育助学和文化宣传等公益事业，开展了一系列工作，打造了“曜阳养老”“拔萃教育”和“博爱中国”三个品牌。

在公益养老服务领域，中心主动发挥社会组织优势，积极探索公益服务与市场化运作相结合的新型社会养老服务模式，着力打造了以人文关怀和医养结合为主要特色的“曜阳养老”公益品牌，逐步形成了包括兴建曜阳养老机构、开展曜阳关爱行动、构建曜阳支持平台以及开展曜阳志愿服务为主要内容的曜阳养老服务工作体系。中心先后兴办了 6 家曜阳养老示范机构；协调中央彩票公益金 1.53 亿元、自筹经费 0.3 亿元，支持养老机构近 1000 家，惠及贫困及失能老人近 10 万人；先后举办了养老院长和养老护理员培训班 20 期，累计培训近 3000 人次；先后举办了各类论坛交流活动近 10 场，组织 2000 多名养老院长开展工作交流；联合 CCTV 举办了“守护夕阳”系列活动，开展优秀养老护理员和优秀养老志愿者事迹展播活动，协助构建养老孝老敬老的社会环境。

中心的工作得到了有关领导和业界专家的高度肯定和积极评价。第十一届全国人大常委会副委员长华建敏、第十届全国政协副主席张怀西等先后题词勉励。全国人大常委会副委员长、中国红十字会会长陈竺做出专门批示，充分肯定中心的“一老一小”等工作。中央党校（国家行政学院）将曜阳养老纳入国家级研究课题，并将其纳入省部级、地厅级和中青班的民生专题教学案例。

未来，中心将以习近平新时代中国特色社会主义思想为指导，在总会党组的坚强领导下，贯彻落实中国红十字会第十一次全国会员代表大会精神和《中国红十字事业发展规划纲要（2020—2024)》精神，围绕红会的主责主业，创新推进各项工作，为新时代中国红十字事业作出应有的贡献。

中心网站地址：www.bdc.org.cn

论坛合办协办支持单位

论坛共同主办单位

第二届：卫生部北京医院

第三届：人民日报《民生周刊》杂志社

第四届：求是《小康》杂志社

第五届：《医药养生保健报》社

论坛协办单位

（排名不分先后）

江苏省红十字会

贵阳市乌当区人民政府

中国劳动社会保障出版社

晋江市拔萃双语学校

贵阳市曜阳养老服务中心

江苏省江海职业技术学院

福建省红十字会

经济科学出版集团

扬州世明双语学校

扬州曜阳国际老年公寓

江苏省扬州技师学院

论坛支持单位

（排名不分先后）

北京容德科技有限公司

中天金融集团股份有限公司

嘉利德斯（福州）汽车维修公司

中联永亨集团公司

大同公元 398 医药健保有限公司

中远海运租赁有限公司

北京卓信华地事业发展有限公司

苏州盛世十月软件技术有限公司

香港嘉利德远东有限公司